Sabine Hirler

Wahrnehmungsförderung durch Rhythmik und Musik

Sabine Hirler

Wahrnehmungs-
förderung
durch Rhythmik
und Musik

Herder Freiburg · Basel · Wien

Hinweis: Der Einfachheit halber wird in diesem Buch
immer von „Erzieherinnen" gesprochen,
da dieser Beruf hauptsächlich von Frauen ausgeübt wird.
Die männlichen Kollegen mögen
sich bitte genauso angesprochen fühlen.

Gedruckt auf umweltfreundlichem, chlorfrei gebleichtem Papier

Umschlaggestaltung: Seiler + Kunz, Freiburg
Illustrationen: Ines Rarisch, Düsseldorf

4. Auflage

Alle Rechte vorbehalten – Printed in Germany
© Verlag Herder Freiburg im Breisgau 1999
Satz: DTP-Studio Helmut Quilitz, Denzlingen
Druck und Bindung: Freiburger Graphische Betriebe 2001
ISBN 3-451-26623-7

Inhalt

Vorwort

Der Lärm-, Musik- und Bild-Imperialismus unserer Tage macht eine Wahrnehmungsförderung durch Musik und insbesondere durch Rhythmik dringender denn je. Ansonsten besteht die Gefahr, daß der audiovisuelle Wohlstand noch virulenter als bisher zu Hör- und Bewegungsnotstand vor allem unserer Kinder führt. Die allenthalben beklagte „Sinn"-Krise in der gegenwärtigen Gesellschaft ist fraglos auch die Folge einer „Sinnen"-Krise. Ihr kann qualifizierte (Musik)-erziehung mit Erfolg begegnen, weil sie die „Sinne" schult. Schon Herbert Marcuse schrieb, daß die Emanzipation des Bewußtseins mit der der Sinne einhergeht. Auch Denken kommt erst durch die Sinne in Gang und macht dadurch Sinn. Ausbildung und Förderung unseres „Empfindungsvermögens" ist also eine zentrale Aufgabe dieser Zeit, und die Musik kann dazu ihren eigenartigen und unverwechselbaren Beitrag leisten. Musik und Musizieren besitzen Leistungs- und Wirkpotentiale, wie sie kein zweites Medium und Fach derart intensiv für sich beanspruchen kann. Musik ist stets ratio, motio und emotio.

Neuere Hirnforschung, psychologische und musikpädagogische Forschung haben übereinstimmend wie eindrucksvoll nachweisen können, welch gigantische Sinfonie der Kräfte die Musik auszulösen vermag, welche tiefgehenden Spuren sie im Kopf hinterläßt. So wissen wir heute, daß musizierende Menschen weniger stark lateralisieren, daß sie weniger die eine *oder* die andere Hirnhälfte aktivieren, sondern stets beide zugleich – weil eben die Parameter der Musik auf beide Hemisphären wirken.

Und die wichtigste Erkenntnis lautet: Der Erwerb musikalischer Vorstellungen muß primär an körperlich durch Bewegen, Singen und Spielen erworbenen Mustern ansetzen, bevor Begriff und Begreifen, bevor Musiktheorie und Symbolik sinnvoll hinzukommen. Zu derart aktivem Umgang mit Musik leistet das vorliegende Buch einen vorbildlichen Beitrag mit seinen „sinn"- und phantasievollen wie kreativen musikalischen Bewegungsspielen, Liedern und Spielgeschichten für Kinder im Alter zwischen 2 und 12 Jahren. Die primären „Instrumente" unserer Kinder sind nämlich die Stimme und der Körper.

Nun meint Rhythmik nicht stupides Stampfen, Klatschen und Patschen, sondern sie beginnt dort, wo der ganze Mensch durch Bewegung erfaßt wird. Dazu gehört das Selbertun, denn *speaking about music is like singing about football*. Rhythmus will erlebt, empfunden, gehört, geklatscht, getanzt und gesungen sein. Hierzu benötigen wir den ganzen Körper, ihn müssen wir zunächst einmal wahrnehmen, ihn wach machen durch rhythmische Übungen und Spiele, um dann selbst ganz in Bewegung einzutauchen. Am nachhaltigsten wirkt dabei Selbst-Erfundenes und Selbst-Gestaltetes. Das vorliegende Buch eröffnet dazu vielfältige Frei- und Spielräume. Über die Kinästhetik werden wir weitergehend sensibel für alles Ästhetische in dieser globalisierten Welt.

Sabine Hirler hat auf der Basis jahrelanger musikerzieherischer Arbeit mit Kindern ein Handlungskonzept entwickelt, dem weitreichender Erfolg in der konkreten musikerzieherischen Praxis zu wünschen ist. Keine Frage: Hier schreibt eine theoriebewußte und praxiserfahrene Pädagogin und Rhythmiklehrerin mit „Leib und Seele". Lohn für die pädagogische Arbeit jedes engagierten Erziehers wird die Freude an der Freude singender, tanzender und musizierender Kinder sein.

„*Im Anfang war der Rhythmus*", so titelt Cesar Bresgen zu Recht seine Studie (1977) über den Rhythmus, denn er bestimmt das Leben schlechthin, ob wir es wahrhaben wollen oder nicht. Lassen wir unsere Kinder *Rhythmik und Musik* so früh wie möglich an sich selbst und vor allem mit Freude erfahren.

Professor Dr. Hans Günther Bastian
Goethe-Universität Frankfurt am Main

TEIL I Theoretische Grundlagen und Erläuterungen

1 Einleitung

„Mit den Händen sehen, mit den Augen fühlen."
Johann Wolfgang von Goethe

Was meinte der wohl berühmteste deutsche Dichter mit dem vorangegangenen Zitat? Wie können wir mit den Händen sehen oder mit den Augen fühlen? Schon damals hatte Goethe eine wichtige Erkenntnis gewonnen: Der Mensch kann sich erst dann als Ganzes wahrnehmen, wenn seine Sinne miteinander verbunden sind und sie miteinander kommunizieren. *„Was an einem Organ verfehlt wird, wird am ganzen Organismus verfehlt. Nicht das Auge sieht, nicht das Ohr hört, nicht das Gehirn denkt, sondern der ganze Mensch mit seinem ganzen Leibe ist Sehender, Hörender, Denkender."* [1] Was Goethe schon damals erfaßt hatte und viele Pädagogen und Eltern intuitiv wissen, wird in den vergangenen Jahren von wissenschaftlichen Forschungsergebnissen bestätigt. Das Gehirn wird nicht mehr als eine übergeordnete Instanz angesehen, die Sinnesreize nach genetisch vorgegebenen Mustern verarbeitet. Ein Leben lang und nicht mehr ausschließlich während der Kindheit werden neue Wahrnehmungen durch ständige Kommunikation der sogenannten „Assoziationsfelder" mit längst Erfahrenem neu verknüpft.

Enger als bisher angenommen ist die Verbindung zwischen Den-

---

[1] Kükelhaus, Hugo: „Alles Lernen ist ein Sich-Erinnern." In: Das Gespräch aus der Ferne, 31. Jg., Nr. 263, Vlotho 1977

ken und Fühlen. Die Sinnesreize aus der Umwelt beeinflußen uns emotional, denn sie verbinden uns mit der Umwelt wie eine Brücke von innen nach außen und von außen nach innen. Ist diese „Brücke" intakt, sind wir fähig, uns selbst zu spüren, wahrzunehmen und uns anderen mitzuteilen. Wir lassen uns zum Beispiel durch permanentes Regenwetter die Laune verderben, und Sonnenschein erhellt unsere Gefühlswelt. Auch sanfte Berührungen oder eine Massage hebt unser körperliches Wohlgefühl, und wir hören Musik, die uns ergreift oder auch mitreißt. Sinneswahrnehmungen und damit verbundene Emotionen sind unser persönlichster Besitz, in den sich niemand anderes vollkommen hineinversetzen kann. Victor von Weizsäcker hat in seinem Gestaltkreis deutlich dargestellt, daß Organismus und Umwelt sich gegenseitig beeinflussen.[2]

In den nachfolgenden Kapiteln wird aus diesem Grund nicht nur auf den physiologischen Aspekt von Sinneswahrnehmungen eingegangen, sondern auch auf die Wechselwirkungen der Sinne in Zusammenhang mit der körperlichen und seelischen Entwicklung. Die rhythmisch-musikalische Erziehung steht hierzu in einem engen Bezug.[3]

---

[2] Weizsäcker, Viktor von: „Der Gestaltkreis", Frankfurt/Main 1973
[3] In folgender Fachliteratur, mit unterschiedlichen Schwerpunkten, sind physiologische Sinneswahrnehmungen beschrieben:
– Ayres, Jean A.: „Bausteine kindlicher Entwicklung", Berlin-Heidelberg 1998
– Bielefeldt, Elfriede: „Tasten und Spüren", München 1996
– Klöppel, Renate: „Die Kunst des Musizierens", Mainz 1997
– Kükelhaus, Hugo/Lippe, Rudolf zur: „Entfaltung der Sinne", Frankfurt/Main 1982
– Ribke, Juliane: „Elementare Musikpädagogik", Regensburg 1995
– Rohde-Köttelwesch, Esther: „Sehen-Spüren-Hören", Dortmund 1996
– Schärli, Otto: „Werkstatt des Lebens. Durch die Sinne zum Sinn", Aarau/Schweiz 1995
– Schäfer, Gudrun: „Rhythmik als interaktionspädagogisches Konzept", Solingen 1992
– Schmidt, Robert (Hrg.): „Neuro- und Sinnesphysiologie", Berlin/Heidelberg 1998
– Tomatis, Alfred A.: „ Der Klang des Lebens", Hamburg 1987
– Vester, Frederic: „ Denken, Lernen, Vergessen", München 1978/1994
– Ditfurth, Hoimar von: „Der Geist fiel nicht vom Himmel", Hamburg 1976
– Zimmer, Renate: „Handbuch der Sinneswahrnehmung", Freiburg 1995

2 Die Sinnessysteme im Wahrnehmungsprozeß

2.1 Die Bereiche und Funktionen des Gehirns

Die Welt wäre nichts als ein chaotisches Trommelfeuer von Reizen, wenn wir nicht in der Lage wären, die vielfältigen Sinnesreize zu strukturieren und in „geordnete Bahnen" zu lenken. Die Entwicklung der Großhirnrinde ist die Jüngste in der evolutionären Entwicklung des Zentralnervensystems. Viele Bereiche des Gehirns arbeiten nur für die Erhaltung der lebensnotwendigen Funktionen (Hirnstamm, Kleinhirn), andere sind für bewußte Assoziations-und Denkprozesse (Großhirnrinde) zuständig, wieder andere für die Entstehung von Gefühlen und emotionalen Verhaltensweisen (limbisches System). In aufsteigenden Bahnen im Rückenmark werden die Sinnesreize durch die verschiedenen Bereiche des Gesamthirnes geleitet. Die daraus entstehenden Reaktionen werden als neuronale Befehle über die absteigenden Bahnen des Rückenmarks in den Körper zurückgesandt.

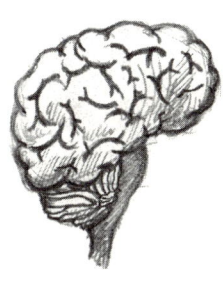

Das Großhirn

■ stellt ⅞ der Gesamtmasse des Zentralnervensystems;
■ ist der jüngste und am weitesten entwickelte Hirnteil und die körperliche Grundlage unseres bewußten Erlebens;
■ beinhaltet das motorische Zentrum, in dem bewußte Muskelbewegungen gesteuert werden;
■ beinhaltet das motorische Sprachzentrum, das sich direkt an das motorische Zentrum anschließt und die Umsetzungfähigkeit des Sprechens in Sprechbewegungen und Mimik steuert;
■ beinhaltet das Areal der Körperwahrnehmung, von der alle Körperempfindungen (taktil-kinästhetisch / propriozeptiv) registriert werden;

- beinhaltet das Sehzentrum, in dessen Nähe auch das Rindenareal für die Raumorientierung liegt. Dieses ist außerdem für die Rechts-Links-Unterscheidung sowie für das Rechenvermögen zuständig;
- beinhaltet das Hörzentrum, das außer für das Erleben von Klängen und Geräuschen auch für das Sprachverständnis wichtig ist.

Das Zwischenhirn

- ist ein sehr viel älterer Hirnteil. Er beinhaltet das Steuerungszentrum für angeborene, erblich gespeicherte Bewegungsabläufe und Erfahrungen aus der Entwicklung der Menschheit, die unbewußt unser Denken und Verhalten beeinflussen;
- beinhaltet wesentliche Kerngebiete, vor allem den Thalamus (Sehhügel) zur Verarbeitung von Informationen aus der Umwelt („Vorzimmer des Großhirns" oder „Tor zum Bewußtsein"). Er ist die Umschalt- und Verknüpfungsstelle für die meisten Nervenbahnen, über die das Großhirn die Informationen der aufgenommenen Sinnesreize erhält (das heißt, alles, was uns bewußt wird, zieht über den Thalamus, der alle Sinne miteinander koordiniert);
- enthält das limbische System, das die körperliche Grundlage aller angeborenen, instinktiven Verhaltensweisen beinhaltet, darunter auch die unserer Gefühle und Triebe. Es werden gespeicherte Informationen (Gedächtnisfunktion des Hippocampus) und Emotionen miteinander verglichen und dann in andere Bereiche übergeleitet. Es enthält u.a. die Riechbahn, weshalb wir uns z.B. an Gerüche aus der Kindheit und den damit verbundenen Gefühlen erinnern;
- enthält den Hypothalamus. Im Zusammenspiel mit der Hypophyse (= Hirnanhangdrüse – für die Steuerung des Hormonhaushaltes verantwortlich), dem Hirnstamm und dem Rückenmark ist der Hypothalamus das Steuerungsorgan des vegetativen Nervensystems, das wiederum Kreislauf, Stoffwechsel, Sekretion, Körpertemperatur und Verdauung reguliert.

Das Kleinhirn (Cerebellum)

- ist die zentrale Steuerungsstelle für alle Bewegungsabläufe, wie die Regelung von Gleichgewicht, Muskeltonus und Bewegungskoordination. Die motorischen Zentren der Großhirnrinde planen die Bewegungen sozusagen in Rohform, die dann das Kleinhirn in fließende und koordinierte Bewegungen umsetzt;
- speichert gelernte Bewegungsabläufe und koordiniert sie mit neuen Bewegungen.

Der Hirnstamm

- steht in Verbindung mit dem Rückenmark und dem Hypothalamus und ist mit ihnen für die Steuerung lebensnotwendiger Stoffwechselfunktionen (Atmung, Verdauung, Kreislauf usw.) zuständig;
- enthält die „Formatio reticularis", die für die Hemmung oder Verstärkung von sensorischen Reizen bei der Weiterleitung zur Großhirnrinde zuständig ist. Zusätzlich verknüpft sie alle sensorischen Informationen miteinander, die an darüberliegende Hirnregionen und an die Nervenbahnen in den Körper weitergeleitet werden;
- steuert und stimmt die willkürliche, bewußte Motorik mit der unwillkürlichen Motorik (z. B. Reflexe) ab.

2.2 Die Sinnessysteme

Der Gehörsinn und der Sehsinn werden über das Medium Luft durch Lichtwellen und Schallwellen erregt und deshalb in die Kategorie der *Fernsinne* eingeteilt. Zu den *Berührungs- oder Kontaktsinnen* dagegen gehören der Tast,- Geschmacks-, Geruchs,- und Temperatursinn, da sie durch eine direkte Berührung des Körpers erregt werden.

Der Gehör-, Seh-, Tast-, Geruchs- und Geschmackssinn werden durch Sinnesreizungen der Umwelt aktiviert (exterozeptiv). Außer beim Geruchs- und Geschmackssinn überkreuzen sich im Hirnstamm die Nervenbahnen. Das heißt, die jeweils entgegengesetzte Hirnhälfte ist für die Verarbeitung der Sinneswahrnehmung zuständig.

Der Gehörsinn (auditiver Sinn)

Zum physiologischen Vorgang

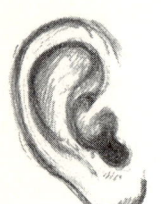

Durch Luftschwingungen / Schallwellen empfängt unser Ohr akustische Reize. Die Schwingungen treffen auf das äußere Ohr und werden durch das Trommelfell zum mittleren Ohr geleitet. Die dadurch entstehenden Flüssigkeitsbewegungen gelangen als Druckwellen (über Hammer, Amboß und Steigbügel) in das Innenohr. Im Innenohr wird der Schall in der Cochlea (Schnecke) frequenzabhängig aufgespreizt und über Haarzellen verstärkt. Es kommt zu einer Freisetzung von Transmittern (Botenstoffe), die eine neuronale Erregung in den entsprechenden Fasern des Hörnervs auslösen. Eine Kette neuronaler Erregungen gelangt über den Hirnstamm und die Hörbahn in die Hörregionen der Hirnrinde. Die Nervenbahnen überkreuzen sich. Das bedeutet, daß akustische Sinnesreize, die über das linke Ohr aufgenommen werden, dabei zur rechten Hirnhälfte geleitet werden und umgekehrt.

Wahrnehmungs-
funktionen:
Ort und Art der Schallquelle, Lautstärke, Dauer, Tonhöhe, Klangfarbe, Zeitfolge, Rhythmus.

Das *Hören* von Musik spricht die Menschen auch emotional an und dringt mit Rhythmus, Melodie, Harmonie in das Innerste des Menschen ein: „Die Musik öffnet die Tür zum Innersten des Menschen, sie wird, wenn richtig gewählt, zum erzieherischen Mittel." (Mimi Scheiblauer)

„Das summende Singen der Mutter beruhigt das kleine Kind und schläfert es ein, und lebhafte Musik regt es zum Tanzen an. (…) Wenn im Osten die Pilgerkarawanen von Ort zu Ort wandern, singt man im Gehen. In Indien singen die Kulis bei der Arbeit, und der Rhythmus der Musik erleichtert ihnen auch die schwerste Arbeit." [4]

Die Hörwahrnehmung ist der letzte intakte Sinn, wenn wir ohnmächtig werden oder im Sterben liegen.

Fehlentwicklungen der Hörwahrnehmung und ihre Auswirkungen

Oftmals fallen Kinder mit Störungen der Hörwahrnehmung erst im Kindergarten oder in der Schule auf. Viele dieser Kinder haben Schwie-

---

[4] Haszrat Inayat Khan (1882–1927): „Musik und kosmische Harmonie", Heilbronn 1990, S. 71.

rigkeiten, selektiv zu hören. Das heißt, an das Kind gerichtete Sprache wird nicht wahrgenommen, wenn zu viele Nebengeräusche vorhanden sind. Sie können das an sie gerichtete Wort nicht herausfiltern.

Wenn *organische Schädigungen* des Hörorganes vorhanden sind, zeigt sich das im Verhalten der Kinder auf folgende Weise:
– Minderung der Fähigkeit, Laute differenziert zu hören. Sprachlaute und Lautverbindungen werden nicht erkannt und sprachlich nicht unterschieden
– Verkürztes auditives Gedächtnis
– Das Richtungshören ist beeinträchtigt oder nicht vorhanden
– Inadäquates Verhalten auf Schallreize. Geringe Reaktion auf Geräusche wie Knallen, Rauschen, Rasseln. Normalerweise reagieren Kinder entsprechend emotional und körperlich
– Die Wiedergabe von artikulierter Sprache (auch Lieder) ist eingeschränkt. Das Kind hat kein Gefühl für Sprachrhythmus und Sprachmelodie
– Verwechslung klangähnlicher Wörter

Wenn *keine organischen Schädigungen* des Hörorganes vorhanden sind, kann die Einschränkung des Hörvermögens auf eine verminderte taktil-kinästhetische Wahrnehmung (siehe dazu S. 21 ff.) zurückzuführen sein oder auf psychosomatische Hörblockaden.

Psychosomatische Hörblockaden

Horchen oder Lauschen ist die Fähigkeit, bewußt zu hören. Die *Horch-Therapie* von *Alfred Tomatis* beschäftigt sich mit psychischen Blockaden des Hörens, die mit entsprechendem Musik, Horch-, Sprech- und Stimmtraining zu heilen versucht werden. Die Tomatis-Methode funktioniert nur auf der Ebene einer emotionalen Symptomatik und nicht bei organisch bedingten Wahrnehmungsstörungen des Hörens. Gezielte Klänge und Musiken (z. B. Gregorianische Gesänge) beruhigen den Hörnerv, Streß baut sich ab. Es kommt zu einer Entspannung und Harmonisierung des vegetativen Nervensystems. Dies wirkt auf die Tätigkeit aller Organe ausgleichend.

Rhythmisch-musikalische Förderangebote: Wahrnehmungsspiele für das Hören (auditiv), Instrumentalspiel (auditiv, visuell, taktil-kinästhetisch), Dirigenten-Spiele (auditiv, visuell, sozial), Lieder in Grob- und Feinmotorik (auditiv, visuell, kinästhetisch), Fortbewegungsarten (auditiv, visuell, kinästhetisch), Finger- und Handgestenspiele / Reime in Grob-und Feinmotorik (auditiv, visuell, taktil-kinästhetisch), Wahrnehmungsspiele mit Materialien (auditiv, taktil-kinästhetisch, visuell), Entspannungsmusik (während der Ruhephase).

Der Sehsinn (visueller Sinn)

Zum physiologischen Vorgang

In Millisekundenschnelle filtert das Sehsystem aus dem Übermaß der visuellen Reize die subjektive Welt-Anschauung. Die optischen Reize empfängt unser Auge in Form von Lichtstrahlen. Diese werden mit Hilfe der Augenlinse gebrochen und dann auf die Netzhaut weitergeleitet. Durch fotochemische Vorgänge in den Stäbchen und Zapfen auf der Netzhaut werden die Reize in elektrische Impulsmuster umgewandelt, die als neuronale Erregung die Sehzentren des Hinterhauptlappens erreichen.

Ein Viertel der Großhirnrinde ist ausschließlich mit der Verarbeitung visueller Informationen befaßt, d.h., optische Sinnesreize, die über das linke Auge aufgenommen werden, werden zur rechten Hirnhälfte geleitet und umgekehrt. Die Nervenbahnen überkreuzen sich dabei.

Wahrnehmungs-
funktionen: Helligkeit, Farbe, Farbsättigung, Form, Aufbau, Struktur, Raumlagen.

Das *Sehen* ist für den visuell ausgeprägten modernen Menschen von großer Bedeutung. Bunte Werbeplakate hängen am Straßenrand, nachts flackert die Lichtreklame oft hektisch und grell. Rasante Schnitte im Kino- und Fernsehfilm tun ihr übriges, um die Aufmerksamkeit des Menschen vor allem auf die visuellen Eindrücke zu lenken.

Doch durch die Überflutung von visuellen Reizen verlieren wir die Fähigkeit, genau hinzublicken und nicht nur auf rasche Bewegung und grelle Farben zu reagieren. Nicht umsonst haben Schwarzweiß-Fotos einen besonderen Reiz durch die Komposition von Licht und Schatten. Der Betrachter hat das Gefühl, im Schwarzweiß-Bild tiefer in das Seherlebnis einzudringen als in bunten Bildern.

Fehlentwicklungen der Sehwahrnehmung und ihre Auswirkungen:

- Fehlentwicklungen der *visumotorischen Koordination* oder auch *Auge-Hand-Koordination* sind gerade für Erzieherinnen relativ leicht zu erkennen. Das Zusammenspiel von visueller Wahrnehmung und Bewegungen in Klein- und Grobmotorik ist gestört. Ein Kind versucht zum Beispiel, die Umrisse eines Baumes auszuschneiden (Feinmotorik). Es gelingt ihm aber nicht, die Koordination der Schneidebewegung mit den Umrissen des Baumes in Übereinstimmung zu bringen. Es schneidet z. B. in den Baum hinein oder bleibt außerhalb des Baumes (Vorschulkinder sollten von ihrem Entwicklungsstand in der Lage sein, den Baum ohne Probleme auszuschneiden). Oder es kann sehr schlecht einen Ball prellen und anschließend auffangen, da es die visuelle Information nicht in die sofort erforderliche motorische Bewegung umsetzen kann.

- Die Fähigkeit, einen gleichen oder ähnlichen Gegenstand aus der Nähe, aus der Ferne, von oben und unten wiederzuerkennen, wird *Wahrnehmungskonstanz* genannt; so erkennt ein Kind eine Ente auf einem Foto von oben und in der freien Natur von weitem. Ist ein Kind in der Fähigkeit der Wahrnehmungskonstanz beeinträchtigt, indem es z. B. Gegenstände oder Tiere auf einem Bild nicht wiedererkennt, wird die Entwicklung seiner Intelligenz gestört. Ihm bleiben dadurch viele Anregungen aus der Umwelt verschlossen.

- Ist die *Figur-Grund-Wahrnehmung* beeinträchtigt, kann das Kind aus dem visuellen Eindruck das Wichtige nicht heraussehen. Zum Beispiel sitzt es im Sandkasten und sucht seine Schippe, doch kann es die vor ihm liegende Schippe von anderen Gegenständen (wie anderes Spielzeug, die nähere Umgebung, andere Kinder) nicht selektiv oder hervorgehoben wahrnehmen. Alle Gegenstände / Figuren werden in dieser Wahrnehmungsstörung mit der gleichen Wahrnehmungsaktivität erfaßt. Symptome einer Fehlentwicklung der Figur-Grund-Wahrnehmung sind Unkonzentriertheit, Orientierungslosigkeit, Verstreutheit.

- Eine Störung der *Raumorientierung* äußert sich dadurch, daß das Kind keine Entfernungen einschätzen kann. Zudem kann es kein Verhältnis seiner Position im Raum in Beziehung zur Umgebung / Gegenständen herstellen (oben-unten, rechts-links, hinten-vorne).

■ *Form- und Farbwahrnehmung* und das *visuelle Gedächtnis* sind ein wichtiger entwicklungspsychologischer Schritt (Formwahrnehmung: ab ca. 2 Jahre, Farbenbenennung- und Differenzierung: ab 3–4 Jahren) Die Formwahrnehmung arbeitet stark mit dem Tast- und Spürsinn zusammen, die Farbwahrnehmung mit der Entwicklung des Gedächtnisses und der Intelligenz (Jungen haben eine spätere Farbdifferenzierung als Mädchen).

Rhythmisch- musikalische Förderangebote: Wahrnehmungsspiele für das Sehen (visuell), Instrumentalspiel (visuell, taktil-kinästhetisch, auditiv), Dirigenten-Spiele (visuell, auditiv, sozial), Wahrnehmungsspiele „Führen und Folgen" (visuell, kinästhetisch, auditiv), Wahrnehmungsspiele mit Materialien (visuell, taktil-kinästhetisch, auditiv), Experimentieren mit Materialien (visuell, kinästhetisch, auditiv), Lieder in Grob-und Feinmotorik (visuell, kinästhetisch, auditiv), Fortbewegungsarten (visuell, kinästhetisch, auditiv), Finger- und Handgestenspiele / Reime in Grob- und Feinmotorik (visuell, kinästhetisch, auditiv), kreatives Gestalten mit Materialien (visuell, taktil-kinästhetisch).

Der Geruchssinn (olfaktorischer Sinn)

Zum physiologischen Vorgang

Riechzellen in der Schleimhaut der oberen Nasenhöhle übertragen den Geruch als chemische Reizung in elektrische Impulsmuster. Diese neuronale Erregung wird ohne Überkreuzung der Nervenbahnen in das Riechzentrum im unteren Teil des Vorderhirnes geleitet.

Wahrnehmungs- funktionen: Ort und Art der Geruchsquelle, Zusammensetzung von Substanzen / Duftstoffen.

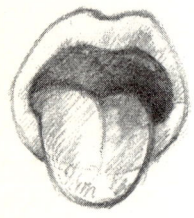

Der Geschmackssinn (gustatorischer Sinn)

Zum physiologischen Vorgang

Die Geschmacksknospen auf der Zunge leiten durch chemische und mechanische Reizung die daraus entstehende neuronale Erregung in das Geschmackszentrum im Gehirn weiter.

Wahrnehmungs-
funktionen:
Zusammensetzung von Nahrungsmitteln / Substanzen, Unterscheidung der vier Geschmacksqualitäten süß, sauer, salzig und bitter.

Geruchs- und Geschmackssinn hängen eng miteinander zusammen. Nicht die Zunge, sondern die Nase mit ihren zehn Millionen Sinneszellen erschließt den guten Geschmack.

Erst wenn die Luft in der Nasenhöhle zirkuliert und zur Schleimhaut im Mund zurückkehrt, können wir schmecken.

Der taktil-kinästhetische Sinn –
das grundlegende Orientierungssystem
(taktil, vestibulär, statisch, motorisch, propriozeptiv, haptisch)

Zum physiologischen Vorgang

Der *taktil-kinästhetische Sinn* ist sehr komplex und das grundlegende Orientierungsystem unserer Sinneswahrnehmung. Er registriert die aus dem eigenen Körper stammenden Reize (propriozeptiv) und ist sozusagen als „innere Instanz" mit den exterozeptiven Sinnen (Hör-, Seh-, Geruchs- und Geschmackssinn) verbunden. Der kinästhetische Sinn ist eine unbewußte Wahrnehmungsreaktion, die jedoch bei besonderer Aufmerksamkeit für den Körper bewußt gemacht werden kann.

Der taktil-kinästhetische Sinn ist eine Meisterleistung an Koordination: Das Gehirn muß Dehnungsreize der Muskeln, Seh- und Höreindrücke sowie Botschaften aus den im folgenden aufgeführten Sinnen miteinander verbinden.

Wahrnehmungs-
funktionen:
Körperpositionen, Körperbewegungen, Anspannungsgrade der Muskulatur, Körperteilstellungen und ihre Bezogenheit aufeinander, Gleichgewichtszustände, Speicherung von Bewegungsfolgen, Koordination von Bewegung mit den exterozeptiven Fernsinnen, Informationen an das Gehirn über Tastrezeptoren in der Haut und über Propriozeptoren in tieferen Gewebeschichten sowie an Gelenken und Muskeln.

Unter dem taktil-kinästhetischen Sinn fassen wir folgende Sinne zusammen:

1. Der Tast- und Spürsinn: *(taktiler Sinn)*

Zum physiologischen Vorgang

Hochempfindlich reagieren die Druckrezeptoren in der Haut. Freie Nervenendungen auf Haarfollikeln unter der Oberhaut transformieren mechanische und thermische Reizung (Berühren, Druck, Vibration, Kitzelempfindung, Temperatur) in elektrische Impulsmuster.

Wahrnehmungs-funktionen: Beschaffenheit von Objekten, Materialien, Form, Konsistenz, Stofflichkeit, Materialart.

Das *Tasten* erschließt uns eine differenziertere Information über die Beschaffenheit und Struktur einer Oberfläche als der Sehsinn. Durch die Wahrnehmung der Körpergrenzen ist der Tastsinn in Kombination mit dem Spürsinn entscheidend für die Entwicklung des Körpergefühls und der emotionalen Entwicklung des Kindes. Das heißt, das Tragen von Babys und Kleinkindern fördert durch den Körperkontakt positiv die seelische Entwicklung von Kindern. Aus diesem Grunde verursachen Störungen der taktilen Wahrnehmung nicht nur Lern-, sondern auch Verhaltensstörungen.

Fehlentwicklungen des Tastsinns und ihre Auswirkungen

Kinder, die einen *unterentwickelten Tastsinn* haben, können ihre Körpergrenzen nicht wahrnehmen. Sie haben eine hohe Schmerztoleranz und verletzen sich leichter, da sie ständig versuchen, mit ihrem Körper Kontakt zu Dingen und Menschen aufzunehmen (bis hin zu autoaggressiven Handlungen). Ihre psychologische Struktur kann man als distanzlos bezeichnen.

Bei einer *Überempfindlichkeit des Tastsinnes* haben die Kinder eine Abscheu gegenüber allem, was das Tastempfinden anspricht. Das kann Kleidung sein, Umgang mit Materialien (Kleber, Matsch, Sand usw.) und auch das Anlehnen an eine Bezugsperson.

Zum Spürsinn

Oberflächen-wahrnehmung: Wir spüren oder fühlen auf unserer Haut, das heißt, wir sind in der Lage, Berührungsreize zu lokalisieren und einzugrenzen. Im Gegensatz zum aktiven Tasten stellt das Spüren eine passive Oberflächenwahrnehmung dar.

Tiefensensibiliät/ Eigenwahrnehmung/Propriozeptives System:

Sinnesrezeptoren an Gelenken, Muskeln, Knochenhaut und tieferen Gewebsschichten informieren unseren Hirnstamm und das Stammhirn ständig über die Kontraktion und die Streckung von Muskeln sowie über das Hängen, Dehnen, Ziehen und Drücken von Gelenken. Nur ein Teil der Information wird zur Bewußtmachung eines Körpergefühls oder einer Bewegung/Lage an das Großhirn weitergeleitet. Das propriozeptive System ist fast ebenso ausgedehnt wie das taktile System.

Fehlentwicklungen des Spürsinns und der Tiefen- und Eigenwahrnehmung

Geringer Hautkontakt in der frühen Kindheit führt zu einer Verminderung der eigenen Körperwahrnehmung, da sich das Kind kein „inneres Bild" von der Ausdehnung und den Grenzen seines Körpers (Körperschema) bilden kann. Aus diesem Grund ist ebenfalls die Visumotorik herabgesetzt. Die Stimulation der Haut, die Tiefen- und Eigenwahrnehmung (propriozeptive Wahrnehmung) durch Bewegung und Berührung ist enorm wichtig für eine positive emotionale Entwicklung und daraus resultierend für die Entwicklung von Selbstvertrauen und Selbstsicherheit. Berührungsreize oder Schmerzen kann ein Kind mit 2½ Jahren genau lokalisalieren.

2. Gleichgewichtssinn (vestibulärer Sinn):

Zum physiologischen Vorgang

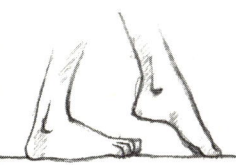

Der Gleichgewichtssinn reguliert sich im Vestibularapparat im Innenohr reflektorisch, das heißt ohne eigene Mitwirkung. Wir sind durch ihn in der Lage, unseren Körper in Beziehung zur Schwerkraft im Gleichgewicht zu halten. Der Gleichgewichtssinn ist mit dem Gehör- und Sehsinn verbunden, und die Ergebnisse werden vom Nervus vestibularis im Kleinhirn regulierend in den Körper gesendet. Die Entwicklung der Sprache ist von dem Zusammenspiel des auditiven und vestibulären Sinnes abhängig. Trotz intakten Gehörs kann es bei einer vestibulären Fehlentwicklung zu einer Verzögerung der Sprachentwicklung kommen.

Fehlentwicklungen des Gleichgewichtssinns und ihre Auswirkungen

Eine *vestibuläre Überempfindlichkeit* macht sich durch das Vermeidungsverhalten von Spielen deutlich, die das Gleichgewichtssystem ansprechen (Schaukeln, Balancieren, Klettern, das Hochwerfen in die Luft). Die Kinder zeichnen sich durch allgemeine grobmotorische Ungeschicklichkeit und Unsicherheit aus.

Bei einer *vestibulären Unterempfindlichkeit* kommt es zu einem gesteigerten Bewegungsbedürfnis der Kinder, bei dem sie Gefahren, die durch Klettern, Schaukeln, Wippen, Herunterspringen usw. entstehen, nicht einschätzen können. Durch die Verbindung des Gleichgewichtssinnes mit dem Sehsinn- und Gehörsystem kommt es zu einer Orientierungsstörung des Körpers im Raum (die Kinder geraten dadurch unabsichtlich in Rangeleien). Das räumliche Vorstellungsvermögen ist eingeschränkt (sie verlaufen sich leicht), und sie verwechseln rechts mit links.

Fehlentwicklungen des taktil-kinästhetischen Sinns insgesamt und ihre Auswirkungen

Störungen des taktil-kinästhetischen Sinnes werden vor allem in ihren Auswirkungen im fein- und grobmotorischen Bereich erkannt. Die Kinder besitzen kein inneres Bild zur Stellung ihrer Gliedmaßen und ihres Körpers zueinander. Dadurch wird eine koordinierte stimmige Ausführung eines Bewegungsablaufes erschwert. Durch die herabgesetzte Eigenwahrnehmung braucht das Kind mehr Energie und Aufmerksamkeit, um Bewegungsabläufe zu lernen und zu automatisieren. Die Komponenten Krafteinsatz zur Bewegung stehen in keinem harmonischen Verhältnis, das heißt, ein Stift beispielsweise wird verkrampft beim Malen gehalten. Auch Fingerspiele können feinmotorisch nicht nachgeahmt werden, weil die sensorischen Umsetzungsmöglichkeiten fehlen. Das Umschalten von einer Bewegungsart in die andere (z. B. vom Hüpfen in das Gehen) ist für diese Kinder sehr schwierig, da sie im allgemeinen Probleme mit der Reizerkennung (Hören) und Zuordnung (Bewegung ändern) haben.

Rhythmisch-musikalische Förderangebote

Für den kinästhetischen Sinn allgemein:

Wahrnehmungsspiele für den Gleichgewichtssinn (vestibulär), Wahrnehmungsspiele mit Materialien und Instrumenten (vestibulär, taktil-kinästhetisch, Raumorientierung, auditiv), Lieder, Reime und Tänze in Grobmotorik mit integrierten Überkreuzbewegungen (Rechts-Links-Koordination, kinästhetisch, Gleichgewichtssinn, Raumorientierung), Reime / Finger- und Handgestenspiele / Lieder in Feinmotorik mit integrierten Überkreuzbewegungen (Rechts-Linkskoordination, kinästhetisch, visuell, auditiv), Fortbewegungsarten (Raumorientierung, Gleichgewichtssinn, kinästhetisch) Wahrnehmungsspiele „Führen und Folgen" (kinästhetisch, vestibulär, Raumorientierung), Experimentierphasen mit Material und Instrumenten (taktil-kinästhetisch, Raumorientierung, vestibulär).

Für den Tastsinn

Wahrnehmungsspiele für das Spüren und Tasten (taktil-kinästhetisch), Partner- und Gruppenspiele (sozial), Wahrnehmungsspiele mit Materialien und Instrumenten (taktil-kinästhetisch, visuell, auditiv), Regelspiele (sozial).

Für den Spürsinn und die Tiefen- und Eigenwahrnehmung

Wahrnehmungsspiele für das Spüren und Tasten (taktil-kinästhetisch), Wahrnehmungsspiele mit Materialien (taktil-kinästhetisch, visuell, auditiv), Wahrnehmungsspiele „Führen und Folgen", Spiele zur Förderung des Gleichgewichtssinnes, z. B. Experimentierphasen mit Material und Instrumenten, Reime / Finger- und Handgestenspiele / Lieder in Feinmotorik, Reime und Lieder in Grobmotorik.

Anmerkung: Da alle Sinne eng miteinander verbunden sind, regen spielerische Aufgabenangebote, die einen bestimmten „sinnlichen" Schwerpunkt haben, immer das Wechselspiel von mehreren Sinnen an. Die Sinneswahrnehmung ist so komplex, daß wir zum Beispiel mit der Förderung des Gleichgewichtssinnes automatisch die visuelle Wahrnehmungsfähigkeit und die Raumorientierung ansprechen. Fördern wir durch „blindes" Balancieren den Gleichgewichtssinn, wird automatisch der Tastsinn aktiviert und ebenso die Sprachentwicklung gefördert.

3 Wahrnehmung als Grundlage der Intelligenz- und Persönlichkeitsentwicklung

Die Entwicklung der Intelligenz ist neben genetischen und ernährungsbedingten Faktoren sehr stark von den Sinneseindrücken der Umwelt abhängig, denn ohne Wahrnehmung kann sich die Intelligenz nicht entwickeln. Nur durch die sinnlichen Erfahrungen, die im Gehirn auf komplexe Weise gespeichert werden, kommt es zu einer mehrfachen Verknüpfung unterschiedlicher Bereiche (Assoziationsfelder). *„Bis zur Geburt ist der größte Teil des menschlichen Gehirns ausgebildet. Die restlichen Zellen und ihre festen Verknüpfungen entstehen in der kurzen Periode der ersten Wochen und Monate nach der Geburt. Natürlich können wir uns an diese früheste Zeit nicht mehr erinnern. Doch diese frühen Informationen durch unser erstes Tasten, Riechen, Schmecken, Fühlen sind ganz ähnlich wie unsere Erbinformationen im Unterbewußtsein gespeichert.“*[5]

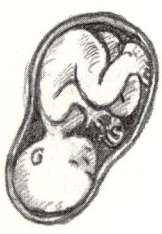

Nach der Geburt besteht das Gehirn aus rund 100 Milliarden Nervenzellen. Diese verknüpfen sich sogleich explosionsartig, da das Gehirn durch die frühkindlichen Wahrnehmungen und Sinnesreize sozusagen überflutet wird. Die Synapsen – Verbindungen zwischen den Nervenzellen – wachsen in den ersten Lebensmonaten auf mehr als das Zwanzigfache an. Die Nervenbahnen festigen sich und bilden untereinander Billionen von Schaltungen. Im Alter von zwei Jahren besitzt das Gehirn doppelt so viele Verknüpfungen durch die Synapsen wie ein Erwachsener. Aus diesem Grunde ist die sensorische Förderung in den ersten Lebensmonaten besonders wichtig. Die Verknüpfung der Nervenbahnen in diesem Zeitraum bilden die Grundlage für das Zusammenwirken der Sinneswahrnehmungen und der daraus resultierenden Intelligenz.

Parallel zur körperlichen und gehirnphysiologischen Entwicklung

---

[5] Vester, Frederic: „Denken, Lernen, Vergessen“, München 1978/1994, S. 31.

des Kindes gibt es für fast alle Fähigkeiten des Menschen *sensible Phasen* oder *Lernfenster,* für die das Kind (z. B. Bewegung, Emotion, räumliches Sehen, Muttersprache, Zweitsprache, Mathematik / Logik, Musik) in einem bestimmten Zeitraum besonders aufnahmefähig ist. Das heißt, das Gehirn besitzt in dieser Zeitspanne eine besondere Bereitschaft, die aufgenommenen auditiven, motorischen und visuellen Sinnesreize – zum Beispiel der Muttersprache – zu speichern und sie miteinander zu verknüpfen. Ab ungefähr 12 Monaten verlieren die Kinder die Fähigkeit, Laute zu unterscheiden, die von ihrer Muttersprache abweichen.

3.1 Die Bedeutung des Rhythmikunterrichtes

Der Rhythmikunterricht beinhaltet u. a. drei Bereiche, die für die geistige Entwicklung wesentlich sind: Spiel, Musik und Kreativität.

Spiel

Das Spiel besitzt für das Kind den gleichen Stellenwert wie für den Erwachsenen die tägliche Arbeit. Selbst junge Säugetiere zeichnen sich durch ein stark spielerisches Verhalten aus. Durch den unbestimmten Spielverlauf lernen Mensch und Tier, flexibel auf die jeweilige Situation zu reagieren. Alle verfügbaren Fähigkeiten werden im Spiel aktiviert. Die dadurch gewonnenen geistigen und auch körperlichen Fähigkeiten sind für die weitere Entwicklung der Kinder von entscheidender Bedeutung. In Form von freien Experimentierphasen, in der die Kinder kreativ agieren, greift der Rhythmikunterricht das kindliche Bedürfnis nach spielerischer Betätigung auf.

Doch auch das straffer strukturierte Regelspiel ist für die Entwicklung des Vor- und Grundschulkindes von großer Bedeutung. Es entwickelt die Fähigkeit, sich in vorgegebenen Bereichen und Grenzen zu integrieren. Das Entwickeln einer Frustrationstoleranz (man kann nicht immer gewinnen) und auch der daraus entstehenden Fähigkeit, Konflikte mit Gleichaltrigen zu lösen, ist wichtig für den Erwerb von sozialer Kompetenz. Im Rhythmikunterricht werden ein großer Teil der Spielangebote mit klaren Regeln durchgeführt, in das sich das Kind durch die Spielfreude meistens ohne Probleme integriert. Ein Unterrichtsbeispiel: „Ist die Melodie zu Ende, landen alle Bienen (Kinder) auf ihrer Blüte (Tücher)". Oder ein Kind spielt auf Klanghölzchen die Fortbewegungsarten Gehen und Laufen, und die anderen bewegen sich entsprechend dazu. Hört das Kind auf zu spielen, bleiben alle stehen.

Musik

Die Wirkung von Musik auf unser Seelenleben hat jeder Mensch schon einmal erfahren. Melodie, Harmonie und Rhythmus dringen über das Ohr direkt in unsere emotionale Welt ein. Musik kann die ganze Bandbreite menschlicher Emotionen in uns wecken.

In den letzten Jahren haben sich viele Wissenschaftler mit der Wirkung von Musik auf die Entwicklung von Kindern auseinandergesetzt. Hier einige Ergebnisse:

- Indische Wissenschaftler berichten, daß Kleinkinder Namen und Funktionen der Körperteile am besten durch Musik und Tanz lernen.
- An einer englischen Universität beobachteten Forscher, daß Kinder, die Klänge unterscheiden können, auch früher und besser lesen lernen.
- Ebenso belegt eine Langzeitstudie an einer Berliner Grundschule (1992–1998, Prof. Dr. Hans Günther Bastian), daß Kinder mit regelmäßigem Musikunterricht in vielen Bereichen wie Sozialverhalten, Intelligenz, Psychomotorik und Wahrnehmungsfähigkeit im Vergleich zu ihren Altersgenossen einen Vorsprung besitzen.[6]
- Auch die Ergebnisse einer Untersuchung der Universität von Kalifornien in Irvine bestätigen, daß Vorschulkinder, die Klavierunterricht bekommen und jeden Tag singen, nach acht Monaten besser Puzzlespiele lösen als musikalisch „Untrainierte". Zudem lernen sie schneller, geometrische Figuren zu zeichnen und mathematische Aufgaben zu lösen.
- Konstanzer Psychologen entdeckten im Großhirn bei Kindern wesentlich stärker ausgeprägte Nervenbahnen im taktil-kinästhetischen Bereich, wenn sie vor dem zwölften Lebensjahr Violine oder klassische Gitarre spielten.

---

[6] Hirler, Sabine: „Kinder brauchen Musik, Spiel und Tanz", Münster 1998, S. 8.

Kreativität

Ohne ein Zusammenspiel von Körper, Geist und Seele ist schöpferisches Denken und Handeln nicht möglich. Kreativität bedeutet schöpferisch tätig sein – aus sich selbst, seinen physischen, seelischen und geistigen Möglichkeiten heraus. Kreative Menschen in verschiedensten Berufen (Künstler, Pädagogen, Manager, Schriftsteller, Politiker) sind oftmals Wegbereiter neuer Richtungen, wenn sie die durch ihre Kreativität entstehenden Visionen / Ideen in die Tat umsetzen. Ideen treffen uns manchmal wie ein „Geistesblitz". Das heißt, die Vernetzung von Assoziationsfeldern in den Gehirnhälften führt zu kreativen Ideen, die in Wort und Tat umgesetzt werden. Kreativität im Rhythmikunterricht bedeutet, mit Menschen und Gegenständen zu kommunizieren, die daraus entstehenden Wechselwirkungen zu reflektieren und diese wiederum in Interaktion mit den anderen Gruppenmitgliedern umzusetzen. Können Kinder ihre Kreativität im Rhythmikunterricht entwickeln und ausleben, geben wir ihnen eine wichtige Komponente zur Persönlichkeitsentfaltung mit auf den Weg. Die Entwicklung der Kreativität ist „(…) *ein Auftrag, dem sich auch die rhythmisch-musikalische Erziehung verpflichtet fühlt mit dem entdeckenden Lernen, verbunden mit der Freude am Finden und Erfinden, den immer wieder erneuten Variationen und Improvisationen zu einer Bewegungsaufgabe / musikalischen Aufgabe, am Führen und Geführtwerden durch einen Bewegungspartner, eine rhythmische Folge, einen musikalischen Ablauf, eine gesungene Melodie, einen gesprochenen Text, ein Instrument, eine musikalische Kompositon."* [7]

---

[7] Tervooren, Helga: „Ein Weg zur Menschlichkeit: Rhythmisch-musikalische Erziehung", Essen 1996, S. 171.

4 Ganzheitliche Wahrnehmung

Wir besitzen die Fähigkeit, vielfältige Wahrnehmungen gleichzeitig zu verarbeiten und daraus eine komplexe Information zu schöpfen. Zum Beispiel hören wir eine Melodie nicht als Folge von Einzeltönen, sondern wir nehmen sie als Ganzes wahr. Im visuellen Bereich beispielsweise sehen wir beim Betrachten eines Hauses nicht nur die Fenster, Türen, Wände, Dach als einzelne Bestandteile, sondern wir nehmen das gesamte Erscheinungsbild und die Atmosphäre / Ausstrahlung des Hauses in uns auf. Das Ganze ist mehr als die Summe aller Teile (gestaltpsychologischer Ansatz). Wie jedoch läuft dieser komplexe Wahrnehmungsprozeß ab?

4.1 Die unterschiedlichen Funktionen der Gehirnhälften (Hemisphären)

Die Gehirnhälften (Hemisphären) sind durch einen Balken (lat. Corpus callosum) miteinander verbunden, über den ein permanenter Austausch zwischen den Hemisphären stattfindet. Durch Sinnesreize werden verschiedene Bereiche im Gehirn, die Assoziationsfelder, aktiviert. Sensorische und motorische Sinnesreize, die die rechte und / oder linke Körperhälfte erreichen, kreuzen im Hirnstamm ihre Bahnen. Sie werden von der gegenüberliegenden Hirnhälfte erfasst und verarbeitet und als Informationen über den Balken an die andere Hirnhälfte weitergeleitet. Durch dieses Zusammenspiel werden Informationen zwischen den Hirnhälften miteinander verknüpft und kombiniert. Erst dann kommt der Prozeß der Planung, des Denkens, des Erkennens, des Entwerfens und der Entscheidung in Gang.

Die einzelnen Hirnhälften sind für unterschiedliche Funktionen zuständig. Die rechte Hirnhälfte betrachtet die Dinge holistisch oder ganzheitlich, das heißt, sie versucht verschiedene Aspekte miteinander zu verbinden und in einen Gesamtzusammenhang zu bringen.

Funktionen der linken und der rechten Gehirnhälfte
(bei Rechtshändigkeit):

	Linke Gehirnhälfte	Rechte Gehirnhälfte
Auditives System	Sprache	Musik, Rhythmus, nichtsprachbezogene externe Geräusche, Klänge, Prosodie (Sprachrhythmus, Sprachmelodie)
Visuelles System	Buchstaben, Wörter, Details (Mund, Tür)	komplexe Wahrnehmung (Gesicht, Haus)
Bewegung	komplexe Bewegungsfolgen, bewußte Bewegungen	erlernte Bewegung (Gedächtnis)
Räumliche Prozesse		Orientierungssinn, Raumwahrnehmung
Taktiles und haptisches System		Wiedererkennen von komplexen Mustern durch Tasten oder Spüren
Gedächtnis	verbales Gedächtnis (Lesestoff, Gespräche)	nonverbales Gedächtnis (Bilder, Musik, Gefühle, Gerüche, Geschmack)
Denkprozesse	analytisch, abstrakt, rational, logisch, mathematisch	konkret, synthetisch, ganzheitlich, zusammenführend, emotional

Die rechte Hirnhälfte ist schöpferisch und künstlerisch ausgerichtet und produziert beispielsweise Melodien beim Singen und Summen, schafft Sprachmelodie und die Intonation des Gesprochenen. Die linke Hirnhälfte ist überall dort gefordert, wo es um die genaue Erfassung von Einzelheiten geht: zum Beispiel Sprache erfassen, das Erkennen von Figuren in Suchbildern, das Heraushören eines Instrumentes im Orchester und räumlich-geometrische Wahrnehmung. Die Planung und Konstruktion von aufeinanderfolgenden Handlungen wird ebenfalls von der linken Hirnhälfte gesteuert.

Bis auf den Geruchs- und Geschmackssinn werden alle Sinne durch Kreuzung der Nervenbahnen von der gegenüberliegenden Hirnhälfte gesteuert.

Beide Gehirnhälften entwickeln sich zunächst gleichzeitig und symmetrisch. Das heißt, sie sind gleichermaßen fähig, sich an der Verarbeitung der Sinneswahrnehmung und Motorik zu beteiligen. Erst im Alter von acht bis neun Jahren ist die Spezialisierung (zerebrale Lateralisation) der jeweiligen Gehirnhälften abgeschlossen.

Wie wichtig nun die Kommunikation zwischen den beiden Hirnhälften ist, wird am Beispiel des Lesens deutlich. Die linke Hirnhälfte analysiert den Lesestoff und beurteilt ihn auch nach den Gesichtspunkten von Grammatik und Zeichensetzung. Währenddessen versucht die rechte Gehirnhälfte, den Gesamtzusammenhang mit anderen gespeicherten Informationen und den Emotionen herzustellen. Nur das Zusammenspiel der Hirnhälften ermöglicht es, einen Text zu lesen und den Inhalt des Gelesenen zu erfassen.

Auch ist die Entwicklung von Kindergartenkindern durch musikalische Förderung von Bedeutung. Denn sie verbessert die Raumorientierung, und die Kinder können besser Puzzles legen und mathematische Denkvorgänge erfassen. Die musikalische Betätigung fördert also besonders das Zusammenwirken der beiden Gehirnhälften.

4.2 Die Förderung des interhemisphärischen Zusammenspiels durch Rhythmik

„Statt nur in Begriffen von Dingen sollten wir auch mit den Dingen selbst arbeiten, mit ihren Wechselwirkungen, mit ihrer Beziehung zur Umwelt. Und sofort würden auch die Begriffe sich im Gehirn nicht nur spärlich, sonder vielfach verankern können. Sie würden den visuellen, den haptischen, den gefühlsmäßigen und den auditiven Kanal in gleicher Weise nutzen und dadurch viel stärkere Assoziationsmöglichkeiten bieten als bei einem realitätsfremden Eintrichtern.“ [8]

Die besondere Aktivierung der beiden Hirnhälften erfolgt in der Rhythmik durch die spezielle Zusammensetzung der Spielangebote. Im Gegensatz zu anderen Methoden (z.B. Psychomotorik, Motopädagogik), bei denen die Motorik im Vordergrund steht, spielt neben den visuellen und taktil-kinästhetischen Wahrnehmungsspielen die Hörwahrnehmung eine größere Rolle. Durch den Einsatz von Musik in Form von Liedern, Tänzen, Reimen (Sprache ist durch Sprachmelodie, Sprachrhythmus, Stimmhöhe, Sprachartikulationen im weitesten Sinne Musik), auditiven Wahrnehmungsspielen, Fortbewegungsarten und Klanggeschichten entsteht ein „Cocktail" einer sensorisch effektiven Förderung.

Rhythmisch-musikalisches Praxisbeispiel zur Förderung der ganzheitlichen Wahrnehmung: Reim „Die kleine Maus": 2–6 Jahre

1. Einsatz des Reimes (in Grobmotorik) als Bewegungsspiel

Die Kinder sitzen im Sitzkreis (Mäusehaus). Sie sprechen den Reim und führen dazu folgende Bewegungen im Raum aus:

Tipp-di-tapp, die kleine Maus –   *Aus dem „Mäusehaus" heraus-*
hat keinen Käse mehr im Haus.   *laufen.*

---

[8] Vester, Frederic: „Denken, Lernen, Vergessen", München 1979/1994, S.102.

Tipp-di-tapp, die kleine Maus – läuft aus ihrem Haus heraus.	*Im Sprechtempo durch den Raum laufen.*
Läuft nun über Stock und Stein – irgendwo muß Futter sein.	*Sich suchend umschauen und schnuppern.*
Doch was spüren ihre Pfoten – ein Stück Brot liegt auf dem Boden! Knibbel-knabbel, knibbel-knabbel.	*Ein imaginäres Stück Brot in den Händen halten und daran „knabbern".*
Satt und müde ist die Maus – und kehrt nun zurück nach Haus.	*Sich den Bauch reiben und in den Sitzkreis zurückkehren.*

	Linke Gehirnhälfte	**Rechte Gehirnhälfte**
Dabei ablaufende Vorgänge in den beiden Gehirn- hälften:	Sprache	Sprachrhythmus, -melodie
	bewußte Bewegung (knabbern)	gelernte, automatisierte Bewegung (laufen)
	verbales Gedächtnis (Reim)	nonverbales Gedächtnis (Bewegungsablauf im Raum), Raumwahrnehmung, Orientierung, Emotion

2. Einsatz des Reimes als Fingerspiel (in Kleinmotorik)

Die Kinder sitzen im Kreis, sprechen den Reim und führen dabei folgende Bewegungen aus:

Tipp-di-tapp, die kleine Maus – hat keinen Käse mehr im Haus.	*Linke Hand bildet ein Dach auf dem linken Oberschenkel (Mäusehaus). Zeigefinger und Mittelfinger der rechten Hand (Maus) sind im „Mäusehaus".*

Tipp-di-tapp, die kleine Maus – läuft aus ihrem Haus heraus.	*Die „Maus" läuft aus dem „Mäusehaus" mit schnellen Bewegungen der Finger den linken Arm hinauf.*
Läuft nun über Stock und Stein – irgendwo muß Futter sein.	*Sich suchend umschauen und schnuppern.*
Doch was spüren ihre Pfoten – Ein Stück Brot liegt auf dem Boden! Knibbel-knabbel, knibbel-knabbel.	*Zeige- und Mittelfinger bewegen sich mit raschen Freßbewegungen auf der linken Schulter.*
Satt und müde ist die Maus – und kehrt nun zurück nach Haus.	*Mit langsamen Bewegungen der Finger ins „Mäusehaus" zurückkehren.*

Spielvariante: Die „Maus" einmal mit der rechten und einmal mit der linken Hand spielen.

Linke Gehirnhälfte	Rechte Gehirnhälfte
Sprache	Sprachrhythmus, -melodie
verbales Gedächtnis (Reim)	nonverbales Gedächtnis (Bewegungsablauf der Finger, Hände und Arme),
bewußte Bewegung (knabbern)	gelernte, automatisierte Bewegung, (Fingerbewegung), Tast- und Spürwahrnehmung, Emotion

Dabei ablaufende Vorgänge in den beiden Gehirnhälften:

35

3. Reim mit Klanghölzchen:

Jedes Kind hat ein Paar Klanghölzchen. Sie führen die Bewegungen wie bei „Reim in Grobmotorik" (S. 33) aus und spielen im Sprechtempo die Klanghölzchen dazu.

Linke Gehirnhälfte	Rechte Gehirnhälfte
Sprache	Sprachrhythmus, -melodie
verbales Gedächtnis (Reim)	nonverbales Gedächtnis (Bewegungsablauf)
bewußte Bewegung (mit Klopfen beginnen und aufhören)	gelernte, automatisierte Bewegung (laufen, dabei auf den Klanghölzchen klopfen) Raumwahrnehmung, Orientierung, Emotion

Dabei ablaufende Vorgänge in den beiden Gehirnhälften:

4. Einsatz des Reimes mit Klanghölzchen als taktiles Wahrnehmungsspiel

Die Kinder setzen sich in Kreisform hintereinander. Sie sprechen den Reim und klopfen mit den Klanghölzchen den Sprechrhythmus auf den Rücken des jeweils vor ihnen sitzenden Kindes.

Linke Gehirnhälfte	Rechte Gehirnhälfte
Sprache	Sprachrhythmus, -melodie
verbales Gedächtnis (Reim)	nonverbales Gedächtnis (Bewegungsablauf)
bewußte Bewegung (mit Klopfen beginnen und aufhören)	gelernte, automatisierte Bewegung (Klopfbewegung) Tast-, und Spürwahrnehmung, Emotion

Dabei ablaufende Vorgänge in den beiden Gehirnhälften:

5. Einsatz des Reimes als auditives Wahrnehmungsspiel
   (Reaktionsspiel)

Ein Kind hat ein Paar Klanghölzchen und spielt im Lauftempo. Die Kinder bewegen sich als „Mäuse" im Raum dazu. Hört das Spiel der Klanghölzchen auf, gehen die „Mäuse" in die Hocke oder verstecken sich.

	Linke Gehirnhälfte	Rechte Gehirnhälfte
Dabei ablaufende Vorgänge in den beiden Gehirnhälften:	bewußte Bewegung (Bewegungsreaktion)	nonverbales Gedächtnis (Bewegungsablauf) gelernte, automatisierte Bewegung (laufen) Raumwahrnehmung, Orientierung, Emotion

6. Einsatz des Reimes als visuelles Wahrnehmungsspiel

Die Kinder sitzen im Halbkreis und haben jeweils ein Paar Klanghölzchen in der Hand. Ein Kind bewegt sich als Maus im Raum. Die Instrumentalisten begleiten das Laufen der „Maus" mit den Klanghölzchen.

	Linke Gehirnhälfte	Rechte Gehirnhälfte
Dabei ablaufende Vorgänge in den beiden Gehirnhälften:	bewußte Bewegung (beginnen und aufhören können)	gelernte, automatisierte Bewegung (laufen, klopfen) Raumwahrnehmung, Orientierung, nonverbales Gedächtnis (Bewegungsablauf), Emotion

7. Einsatz des Reimes als vestibuläres Wahrnehmungsspiel mit Klanghölzchen (Gleichgewichtsübung)

In einer Raumecke liegen für jedes Kind mehrere Klanghölzchen („Fressen"). Die Kinder legen sich ein Klanghölzchen auf die etwas nach vorne gespreizte Oberlippe und balancieren ihr „Fressen" in das Mäusehaus (Sitzkreis). Mehrmals wiederholen.

	Linke Gehirnhälfte	Rechte Gehirnhälfte
Dabei ablaufende Vorgänge in den beiden Gehirnhälften:	bewußte Bewegung (beginnen und aufhören können)	gelernte, automatisierte Bewegung (laufen, klopfen)
	Gleichgewichtssinn	Raumwahrnehmung, Orientierung, Gleichgewichtssinn

In der rhythmisch-musikalischen Erziehung erhält das Kind eine umfassende Förderung der Sinne und kann sich in der Fülle von Angeboten in seinem *eigenen Tempo* und seinen Möglichkeiten entsprechend entwickeln. Dieses ganzheitliche Arbeitsprinzip der Rhythmik wird noch durch einen thematischen Rahmen (Geschichten, Jahreszeiten, Tiere, usw.) verstärkt, in den die Kinder mit Lust und Spaß eintauchen und kreativ agieren. Kinder können ihre Konzentration nicht auf einen Prozeß lenken, den sie emotional ablehnen. Das heißt umgekehrt, wenn es den Kindern Spaß macht, konzentrieren sie sich automatisch. Sie empfinden das rhythmisch-musikalische Spielangebot nicht als eine Aneinanderreihung von Fördermaßnahmen, sondern als eine abwechslungsreiche und freudvolle Spielstunde.

Für diese kreative und freie Spielatmosphäre ist die Beachtung folgender Punkte wichtig:

■ Im Rhythmikunterricht wird den Kindern keine Aufgabe übergestülpt, die dann nach einem gewissen Schema gelernt wird, sondern die Kinder werden mit Spiel und Spaß von ihrem jeweiligen Entwicklungsstand und Können abgeholt.

■ Ein wichtiger Punkt ist *das Zeitlassen* bei der Ausführung einer Aufgabe. Ohne Zeitdruck, jedoch als Gesamtgruppe in einen zeitlichen Rahmen eingebettet, entstehen Kreativität und ein Vertieftsein in das Spiel.

■ Experimentieren und Improvisieren geschehen aus *eigenem Antrieb.*

■ Je kleiner die Kinder sind, desto mehr wird über die *Nachahmung* gelernt. Hat ein Kind keine Lust, etwas alleine vorzumachen, wird es dazu nicht gezwungen.

5 Sensomotorik in der Rhythmik

Die Bedeutung der Sensomotorik ist durch die Begrifflichkeiten *„Senso"* (= Sinn) und *„Motorik"* (= Bewegung) leicht zu erfassen. Es handelt sich um ein vernetztes Zusammenspiel aller Sinne unseres Organismus. Sinnesreize, die aktiv aufgenommen oder passiv erspürt werden, sind mit unmittelbaren Bewegungsimpulsen gekoppelt.

Ohne eine bewußte Wahrnehmung kann keine motorische Reaktion erfolgen (wenn ich den Rhythmus z. B. nicht genau erfassen kann, kann ich mich auch nicht passend dazu bewegen). Da Wahrnehmung und Aufmerksamkeit / Konzentration untrennbar miteinander gekoppelt sind, ist die sensomotorische Förderung durch Rhythmik eine Wahrnehmungs- und Konzentrationschulung.

Durch das individuelle, sensomotorische Umsetzen der rhythmisch-musikalischen Spielangebote in Musik und Bewegung werden folgende Fähigkeiten gefördert:
– Konzentrationsfähigkeit
– Körperwahrnehmung (Kinästhesie)
– Raumwahrnehmung (Sehsinn)
– Sensibilisierung des Gehörs
– musikalische Ausdrucksfähigkeit (emotionale Beteiligung)
– motorische Fähigkeiten (Bewegungs- und Gleichgewichtssinn)
– soziale Kompetenz (z. B. Aufgabenstellung: Führen und Folgen)
– Tast- und Spürsinn (takile, haptile und propriozeptive Sinneswahrnehmung)
– Phantasie und Kreativität (limbisches System, Assoziationsfähigkeit).

Die sensomotorischen Wahrnehmungsspiele in der Rhythmik fördern das Wechselspiel von:
– *Hören und Bewegen*
– *Sehen und Bewegen*

– *Tasten und Bewegen*
– *Spüren und Bewegen.*

Übrigens werden die Begriffe „Sensomotorik" und „Psychomotorik"
im therapeutischen, pädagogischen und psychologischen Bereich
synonym verwendet.

Nach der ursprünglichen Wortbedeutung verweist die Psychmoto-
rik zwar auf die Einheit von Erleben (emotionales Wahrnehmen) und
Handeln, die Sensomotorik auf die Einheit von Wahrnehmen und
Handeln. Da wir jedoch wissen, daß das seelische Empfinden im
engen Zusammenhang mit der Wahrnehmung steht, bedingen sich
demnach *Wahrnehmen – Emotion / Psyche – Motorik* gegenseitig, so
daß die beiden durch die Begriffe bezeichneten Bereiche nicht ein-
deutig voneinander zu trennen sind.

6 Wahrnehmung und Konzentration / Aufmerksamkeit

Die Fähigkeit zur Wahrnehmung und die Fähigkeit zur Konzentration bzw. Aufmerksamkeit sind eng miteinander verknüpft.

Es gibt Wahrnehmungen, die unbewußt ablaufen müssen, damit wir fähig sind, Wahrnehmungen, die wichtiger sind, vermehrte Aufmerksamkeitsaktivität zu schenken (bei der Hinwendung zu einem lauten Geräusch wird z. B. der Gruß eines Bekannten überhört). Es kommt zu einer sogenannten „Filterung", weil wir uns nicht auf zwei Dinge gleichzeitig voll konzentrieren können. Jedoch können wir Bewegungen weiter ausführen und gleichzeitig dazu sprechen, da sich durch den Bewegungssinn der Bewegungsablauf „automatisiert". Konzentration oder Aufmerksamkeit ist eine bewußte Reaktion, deren Grundlage der Wille ist. Sie stellt eine Grundvoraussetzung für das Lernen in allen Bereichen dar. Im Gegensatz zum Erwachsenen ist die volle Aufmerksamkeit bei Säuglingen und Kleinkindern in jedem Moment ihres Wachseins vorhanden. Doch kann es aus unterschiedlichen Gründen zu Wahrnehmungsstörungen bei Kindern kommen, die sich dann auch negativ auf das Lernverhalten auswirken. Organisch bedingte Wahrnehmungsstörungen können beispielsweise durch vorgeburtlichen Alkohol- und Drogenmißbrauch, Krankheit und Infektionen der Mutter und des Vaters, durch Komplikationen während der Geburt oder durch fieberhafte und entzündliche Krankheiten, die sich auf die Funktionen des Gehirns auswirken, verursacht werden.

Nicht organisch begründete Wahrnehmungs- und Konzentrationsstörungen sind sehr komplex und hängen häufig mit bestimmten Verhaltensmustern der Erwachsenen oder mit gesellschaftlichen Strukturen zusammen. So können Kindergartenkinder beispielsweise oftmals durch den täglichen, schon morgens beginnenden Fernsehkonsum ihre Gefühle und Bedürfnisse immer weniger spielerisch ausagieren. Sie erhalten zu einseitige Reize, vor allem im visuellen und auditiven Sinnesbereich, und werden durch zu bunte, zu schrille, zu schnell geschnittene Filme sinnlich und emotional überfordert. Hinzu kommt oftmals ein Umfeld, das dem Bewegungsdrang der Kinder nicht entgegenkommt. Selbst in ländlichen Gegenden spielen heute weniger Kinder als früher auf der Straße. Durch Fernsehen und Computer bleiben die Kinder mehr im Haus, und oftmals werden die Medien von den Eltern als „Babysitter" mißbraucht.

Die Inhalte der Filme müssen jedoch nicht nur von visueller und auditiver Seite verarbeitet werden, sondern auch von emotionaler. Dies ist nur durch Bewegung möglich, da diese die verschiedenen Sinnesreize miteinander verknüpft. (Beispiel für emotionale Verarbeitung in Bewegung: Die Kinder spielen Gestalten und Geschichten mit Spielzeug nach oder imitieren Gestalten aus dem Fernsehen in ihrer Bewegung).

Als Auswirkung einer solch einseitigen Überfrachtung der Sinne sind viele Kinder im Kindergartenalter in der Seh-und Hörwahrnehmung beeinträchtigt. Ihre Sinne sind sozusagen abgestumpft, und die Kinder sind nicht mehr in der Lage, sich über einen längeren Zeitraum auf einen Vorgang zu konzentrieren. Ihre Aufmerksamkeit wird nur geweckt, wenn sie schnelle visuelle Abfolgen sehen und extreme Wechsel in Lautstärke und Klang hören. Durch den Bewegungsmangel macht sich zusätzlich motorische Unsicherheit und die Unfähigkeit zum phantasievollen Spiel bemerkbar. Es entstehen – auch beim Vorlesen – keine inneren Bilder mehr, und das phantasievolle, kreative Ausleben im spielerischen Tun mit Spielmaterial bleibt auf der Strecke. Die Kinder können durch ihre Wahrnehmungs- und Konzentrationsstörungen ihre Umwelt nicht mehr vollständig mit allen Sinnen erfassen und in eine harmonische Beziehung zu sich selbst setzen.

Als weiterer möglicher Auslöser für Wahrnehmungs- und Konzentrationsstörungen kann die Tendenz angesehen werden, Verpflichtungen und Verbindlichkeiten (z. B. aufräumen, Mithilfe im Haushalt, Rücksichtnahme, Umgangsformen) als zu große Belastung von den Kinder fernzuhalten, um sie für den Alltag in Schule und Hobbies aufnahmefähig zu machen. Von materieller Seite werden die Kinder oftmals zu sehr verwöhnt, erfahren jedoch keine verbindlichen Strukturen und Rhythmen (z. B. gemeinsames Essen) im engeren sozialen Umfeld.

Auch agieren viele Kinder heute schon im Kindergarten und Schule als Einzelkämpfer. Sie werden von zu Hause in dieser Verhaltensweise oft indirekt unterstützt, wenn einer erzieherischen Grenzbestimmung seitens der Eltern aus dem Weg gegangen wird. Gleichzeitig erfahren die Kinder eine gesteigerte Erwartungshaltung des Elternhauses. Sie sollen gut „funktionieren", weil sie ja nicht viel „mithelfen" müssen. Aus all diesen Gründen sind viele Kinder nicht in der Lage, positive soziale Strukturen aufzubauen und sich konstruktiv in die Kindergartengruppe oder den Klassenverband einzufügen. Da Kinder nur eine bedingte Reflexionsfähigkeit ihrer Gefühle und ihres Verhaltens besitzen, wollen sie durch Aggressivität und auffällige Verhaltensweisen ihren Eltern und Erzieherinnen sagen: „Ich brauche eine Grenze – bitte gebt sie mir!" oder „Schaut her, mir geht es nicht gut!"

Diese vielschichtigen Ursachen führen also zu vielfältigen Symptomen von Wahrnehmungs- und Konzentrationsstörungen. Das heißt, daß es in den meisten Fällen zu einer Kombination von Symptomen kommt. Die Hilfe für diese Störungen muß ebenso vielfältig sein wie ihre Symptomatik, da alle Sinne miteinander verbunden sind (z. B. Störungen in der Raumorientierung sind vordergründig visueller und auditiver Art. Diese Sinne sind jedoch auch mit dem Gleichgewichtssinn im Ohr verbunden). Durch die vielschichtigen Spielangebote ist die rhythmisch-musikalische Erziehung besonders geeignet, helfend einzugreifen und die Kinder in der gesamten Bandbreite der Sinneswahrnehmung und des Sozialverhaltens zu fördern.

TEIL II Praktische Umsetzung: Spiele und Übungen

1 Die Fortbewegungsarten als Basis für die Rhythmikstunden

Eine praktische Basis für die in den folgenden Kapiteln näher beschriebenen Rhythmikstunden sind die Fortbewegungsarten Gehen, Laufen, Schreiten, Hüpfen und Galoppieren. Andere „zweibeinige" Fortbewegungsarten, wie zum Beispiel der Seitgalopp, der Hupf oder Sprung und das Schwingen, sind Varianten dieser Fortbewegungsarten, die in verschiedensten Aufgabenstellungen eingesetzt werden können. Die Kinder werden dabei grobmotorisch, emotional und vor allem in der sensomotorischen Umsetzungsfähigkeit *Hörwahrnehmung und Bewegung* gefördert.

Praxisbeispiele:

Wahrnehmungsspiel: Der Trommelhut
Die Kinder stehen verteilt im Raum und haben ihre Handtrommel als Hut auf dem Kopf. Die Erzieherin spielt auf der Blockflöte oder dem Xylophon zu den Fortbewegungsarten Gehen und Schreiten. Die Kinder bewegen sich dazu im Raum und balancieren die Handtrommel auf dem Kopf.

Förderung: visuell / auditiv / taktil-kinästhetisch / Gleichgewicht / Konzentration

Wahrnehmungsspiel: Der Balancier-Stab
Die Stäbe liegen gleichmäßig im Raum verteilt. Die Erzieherin spielt auf dem Xylophon oder auf der Blockflöte zu den Fortbewegungsarten Gehen, Laufen, Hüpfen. Die Kinder bewegen sich entsprechend

dazu. Hört die Musik auf zu spielen, laufen die Kinder rasch zu einem Holzstab und balancieren auf ihm.

Variante: Hört die Musik auf zu spielen, laufen die Kinder rasch zu einem Holzstab und balancieren ihn auf der Handfläche oder auf den Fingern.

Förderung: visuell / auditiv / taktil-kinästhetisch / Gleichgewicht / Reaktion / Konzentration

Durch die *spielerische Umsetzung* des Gehörten in Bewegung erfahren die Kinder die *musikalischen Bestandteile* der Musik und der Sprache. Diese sind:
– Rhythmus
– Tempo (schnell / langsam)
– Dynamik (laut / leise)
– Artikulation (kurz / breit).

Beim *Umschalten* von einer Fortbewegungsart zur anderen werden folgende Sinneswahrnehmungen gefördert:
– auditive Wahrnehmungsfähigkeit
– visuelle Wahrnehmungsfähigkeit
– Konzentration
– Reaktion
– Raumwahrnehmung
– Bewegungskoordination (Gleichgewichtssinn, kinästhetischer Sinn)
– Taktil-kinästhetische Körperwahrnehmung (das Wechselspiel von exterozeptiver und propriozeptiver Wahrnehmung).

Tip: Das Bewegungstempo der Fortbewegungsarten von Kindern ist insgesamt rascher als das von Erwachsenen.

1.1 Die Fortbewegungsart Gehen

Die Fortbewegungsarten Gehen, Schreiten und Laufen unterscheiden sich im Ausführungstempo und entsprechend in der dazu begleitenden Sprechweise.

Lied: „Wir wandern"

1. Wir wan - dern nun den Bach ent - lang, das
Rau - schen ist ein schö - ner Klang. Wir wan - dern nun den
Bach ent - lang und freu - en uns am Rau - schen

Die charakteristische Singweise des Liedes ist heiter und zügig.	1. Wir wandern nun den Bach entlang, das Rauschen ist ein schöner Klang. Wir wandern nun den Bach entlang und freuen uns am Rauschen.	*Im Liedtempo durch den Raum gehen.* *Hörgeste.*
	2. Wir wandern jetzt am Zaun entlang, dort ist ein Stier, mir wird ganz bang. Wir wandern nun am Zaun entlang, an einer schönen Wiese.	*Im Liedtempo durch den Raum gehen.* *Schützend die Arme um sich legen.*
	3. Wir wandern nun nach Haus zurück, zum Glück ist es ein kurzes Stück. Wir wandern nun nach Haus zurück, in unser schönes Städtchen*.	*Im Liedtempo durch den Raum gehen.* *Zurück in den Sitzkreis.*

* oder *Dörfchen*

Reim: „Im grünen Wald"

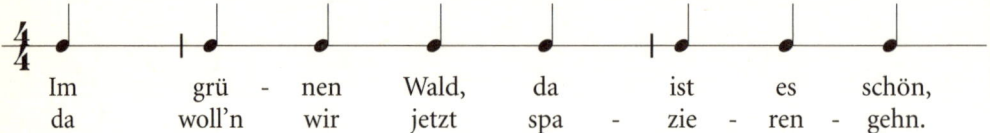

Im	grü - nen	Wald,	da		ist	es	schön,
da	woll'n	wir	jetzt	spa -	zie -	ren -	gehn.

Die charakteristische Singweise des Liedes ist heiter und zügig.

Im grünen Wald, da ist es schön,
da woll'n wir jetzt spazierengehn.

Im Sprechtempo durch den Raum gehen.

So große Bäume gibt es hier,
dort leben gerne Mensch und Tier.

Mit den Armen einen großen Kreis beschreiben.

Im grünen Wald, da ist es schön,
hier ist es schön, spaziernzugehn.

Wie oben.

Auf einer Burg machen wir Rast.
Dort essen wir, ganz ohne Hast.

Alle setzen sich und essen ihr imaginäres Brot.

Im grünen Wald, da war es schön,
doch woll'n wir jetzt nach Hause gehn.

Zurück in den Sitzkreis.

Begleitung mit einfachen Instrumenten: Der Reim wird während des Sprechens am Platz oder bei der Bewegung im Raum mit Schlaginstrumenten (z. B. Klanghölzchen, Handtrommel) begleitet.

Begleitung mit Klangbausteinen: Die Erzieherin spielt auf dem Xylophon oder dem Metallophon, z. B. auf den Tönen c1 und g1 im ¼ Takt (siehe oben).

1.2 Die Fortbewegungsart Schreiten

Lied: „Der nette Herr von Dickundschwer"

Refr.: Der net - te Herr von Dick - und - schwer trägt ei - nen di - cken Bauch um - her. 1. Er pflegt ihn mit viel Wurst und Bier, doch bei - des ha - ben wir nicht hier.

> = jeweils einen schweren Schritt

Die charakteristische Singweise des Liedes ist betont und gemächlich.

Refr:

‖: Der nette Herr von Dickundschwer trägt einen dicken Bauch umher. :‖

1. Er pflegt ihn mit viel Wurst und Bier, doch beides haben wir nicht hier.
Der nette Herr von Dickundschwer...

2. Er schreitet langsam rundherum, sucht seine Brille, das ist dumm.

Der nette Herr von Dickundschwer...

3. Er findet seine Brille dort – an diesem gut versteckten Ort.

Die Arme als dicken Bauch vor sich halten und im Liedtempo durch den Raum stampfen.

Weiter umherstampfen und sich den „dicken" Bauch reiben.
siehe oben

Hand als Schaugeste über die Augen legen und suchend umherblicken.
siehe oben

Die imaginäre Brille in der Kleidung oder im Raum finden. Brille aufsetzen.

Der nette Herr von Dickundschwer... *wie vorher*

4. Der nette Herr von Dickund- *Sich auf den Boden legen.*
schwer ruht sich jetzt aus, das mag
er sehr.
Der nette Herr von Dickundschwer... *Auf dem Boden liegenbleiben.*

Reim: „Der Sultan"

Der Sul - tan schrei - tet durch den Gar - ten,
dort vie - le Die - ner auf ihn war - ten.
Der Hof - staat schrei - tet hin - ter - her,
am Gar - ten freu - en sie sich sehr.
Am Mär - chen - see blei - ben sie stehn
und wol - len jetzt ins Was - ser gehn.

Die charakteristische Sprechweise des Reimes ist betont und gemächlich.

Ausführungs-
möglichkeiten:

■ Alle Kinder schreiten mit erhobenem Haupt langsam und stolz durch den „Garten".

■ Der Reim kann als Rollenspiel durchgeführt werden. Ein Kind ist der Sultan und wird mit bunten Tüchern geschmückt. Mit Seilen wird ein See auf den Boden gelegt. Die anderen Kinder schreiten als Hofstaat hinter dem Sultan her, und zum Schluß gehen alle im „Märchensee" baden.

Begleitung
mit einfachen
Instrumenten:

Der Reim wird während des Sprechens am Platz oder bei der Bewegung im Raum mit Schlaginstrumenten (z. B. Becken, Triangel) begleitet.

Begleitung mit
Klangbausteinen:

Die Erzieherin spielt auf dem Xylophon oder dem Metallophon, z. B. auf den Tönen c1 und g1 im ⅔ Takt (siehe oben).

1.3 Die Fortbewegungsart Laufen

Lied: „Die Zauberschuhe"

Die charakteristische Singweise des Liedes ist lebendig und schnell.

1. Wir laufen, laufen ohne Ruhe,
wir haben neue Zauberschuhe.
Wie angegossen passen sie.
Und ausziehn wollen wir sie nie !

Im Liedtempo kreuz und quer durch den Raum laufen.

2. Denn ohne Mühe geht es rückwärts, und dann plötzlich auch noch seitwärts.
Wir laufen, laufen ohne Pause, flitze-schnell zurück nach Hause.

Rückwärts laufen.

Seitwärts laufen.

In den Sitzkreis laufen.

Reim: „Vier kleine Füßchen"

Aus ih - rem klei - nen Mäu - se - haus,
läuft ei - ne klei - ne Maus her - aus.

Die charakteristische Sprechweise des Reimes ist lebendig und schnell.	Aus ihrem kleinen Mäusehaus, läuft eine kleine Maus heraus.	*Die Kinder sitzen als Mäuse im Sitzkreis. Aus dem Sitzkreis laufen.*
	‖: Tipp-tipp-tipp-tippel-tippel-tipp :‖	*Durch den Raum laufen.*
	Das Mäuschen putzt sich nun ihr Fell,	*Stehenbleiben und sich mit den Armen über die Schultern streichen.*
	läuft dann nach Haus, ganz flink und schnell.	*In den Sitzkreis zurücklaufen.*
Begleitung mit einfachen Instrumenten:	Der Reim wird während des Sprechens am Platz oder bei der Bewegung im Raum mit Schlaginstrumenten (z. B. Klanghölzchen, Handtrommel, Rassel) begleitet.	
Begleitung mit Klangbausteinen:	Die Erzieherin spielt auf dem Xylophon oder dem Metallophon, z. B. auf den Tönen c1 und g1 im ¾ Takt (Achtel, siehe oben).	

1.4 Die Fortbewegungsart Hüpfen

Die Fortbewegungsarten Hüpfen und Galoppieren unterscheiden sich durch den unterschiedlichen Bewegungsansatz. Beim Hüpfen wird zuerst der längere Ausholschritt ausgeführt und dann der Hüpfschritt. Beim Galoppieren wird zuerst ein kurzer Schritt ausgeführt.

Die Sprechweise von Hüpfen und Galopp verdeutlicht die Ausführung:

Hü - pfen, hü - pfen,...   Ga - lopp, ga - lopp,...

Lied: „Der Frühling ist da!"

1. Bie-nen sum-men, Vö-gel pfei-fen, und die er-sten Bee-ren rei-fen.

Früh-ling ist ins Land mar-schiert, die Welt so bunt und schön aus-sieht.

Refr. Früh-ling ist jetzt da, hur-ra! Früh-ling ist jetzt da, hur-ra!

Die charakteristische Singweise des Liedes ist heiter und schnell.

1. Bienen summen, Vögel pfeifen,
und die ersten Beeren reifen.
Frühling ist ins Land marschiert,
die Welt so bunt und schön aussieht.

Im Liedrhythmus kreuz und quer durch den Raum hüpfen.

Refr: ‖: Frühling ist jetzt da, hurra!
Frühling ist jetzt da, hurra! :‖

Die Kinder bilden Paare und und hüpfen am Platz im Kreis herum.

2. Gute Laune haben alle,
raus geht es in jedem Falle.
Hüpfen durch die schöne Welt,
weil sie uns so gut gefällt!
Frühling ist jetzt da, hurra!…

Im Liedrhythmus kreuz und quer durch den Raum hüpfen.

Alle fassen sich an den Händen und hüpfen im Kreis herum.

Reim: „Hüpfen durch das grüne Gras"

Hüp - fen durch das grü - ne Gras.
Ja, das macht uns al - len Spaß.

Die charakteristische Sprechweise des Reimes ist heiter und rasch.

Hüpfen durch das grüne Gras.
Ja, das macht uns allen Spaß.

Im Hüpf- und Sprechrhythmus kreuz und quer durch den Raum laufen.

Die Sonne brennt uns auf die Haut.
Die Vögel zwitschern heute laut.

Hüpfen, hüpfen, kreuz und quer,
Ja, das fällt uns jetzt nicht schwer.

Beliebig wiederholen.

Doch wir brauchen eine Pause,
hüpfen nun ganz schnell nach Hause.

In den Sitzkreis zurückhüpfen.

Begleitung mit einfachen Instrumenten:

Der Reim wird während des Sprechens am Platz oder bei der Bewegung im Raum mit Schlaginstrumenten (z. B. Klanghölzchen, Handtrommel, Schellentambourin) begleitet.

Improvisation mit Klangbausteinen:

Die Erzieherin spielt auf dem Xylophon, z. B. auf den Tönen d1 oder a1 im Sprechrhythmus.

1.5 Die Fortbewegungsart Galoppieren

Lied: „Galopp, galopp, schnell wie der Wind"

1. Aus sei - nem Stall, ga - lopp, ga-lopp, da kommt das Pferd-chen,

hopp, hopp, hopp. hopp, hopp, hopp. *Refr.* Es läuft so schnell, schnell

wie der Wind. Kommt von der Stel - le so ge - schwind.

Die charakteristi-
sche Singweise des
Liedes ist lebendig
und dynamisch.

1. ‖: Aus seinem Stall, galopp-
galopp,
da kommt das Pferdchen,
hopp, hopp, hopp. :‖
Refr: ‖: Es läuft so schnell, schnell
wie der Wind.
Kommt von der Stelle so geschwind. :‖

2. ‖: Die Hufe klappern, klapp-di-klapp,
die Mähne weht, tirapp, tirapp. :‖
Es läuft so schnell, schnell wie der Wind…

*Aus dem Sitzkreis heraus-
kommen
und im Liedrhythmus durch
den Raum galoppieren.*

Reim: „Pferdchen im Galopp"

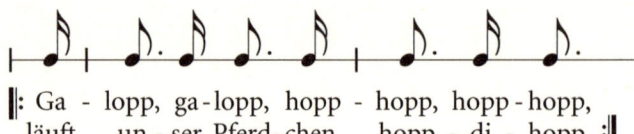

‖: Ga - lopp, ga-lopp, hopp - hopp, hopp-hopp,
läuft   un - ser Pferd-chen,   hopp - di - hopp. :‖

Die charakteristische Sprechweise des Reimes ist lebendig und dynamisch.

‖: Galopp, galopp, hopp-hopp,
hopp-hopp, läuft unser Pferdchen,
hopp-di-hopp. :‖

Im Sprechrhythmus durch den Raum galoppieren.

Es galoppiert den Berg hinab,
mit seinen Hufen, tripp, trapp, trapp.

‖: Galopp, galopp, hopp-hopp, hopp-hopp,
läuft unser Pferdchen, hopp-di-hopp. :‖

In den Stall, da läuft es nun,
um sich etwas auszuruhn.

*In den Sitzkreis zurück-
galoppieren und sich hinlegen.*

Begleitung mit einfachen Instrumenten:

Der Reim wird während des Sprechens am Platz oder bei der Bewegung im Raum mit Schlaginstrumenten (z. B. Klanghölzchen, Handtrommel, Schellentambourin) begleitet.

Begleitung mit Klangbausteinen:

Die Erzieherin spielt auf dem Xylophon, z. B. auf den Tönen e1 oder h1 im Sprechrhythmus.

2 Rhythmische Wahrnehmungs- spiele mit Materialien

Vielfältiges und interessantes Material aktiviert, lockt und reizt die Kinder zum Experimentieren, zur Bewegung und zum kreativen, schöpferischen Tun. Formen, Farben, Gewicht und Geräusche werden im phantasievollen Spiel mit allen Sinnen erfahren. In jedem Gegenstand stecken spezielle Eigenschaften und Gesetzmäßigkeiten, die beim Spielen bestimmte Bewegungsabläufe und Verhaltensweisen auslösen. Wir passen uns an die Gesetzmäßigkeiten z. B. eines Tuches an: Beim Spiel mit dem Tuch werden unsere Bewegungen weicher und flüssiger.

Wir können Material erspüren

Die Haut als ein hochempfindlicher Bestandteil des haptischen oder taktilen Systems informiert uns durch die Berührung über die Beschaffenheit eines Materials.

Als passiv Spürende können wir die Stelle und die Art und Weise, wie wir berührt werden, wahrnehmen. Wir fühlen Druck, Zug, Stich, Schlag, Vibration oder Reibung. Gleichzeitig nehmen wir die Beschaffenheit des Materials wahr. Es kann ein rauher, glatter, harter, weicher, runder, eckiger oder spitzer Gegenstand sein. Tiefere Schichten des Gewebes und die Wahrnehmung der Gliedmaßenstellung vermitteln uns das subjektive Körperempfinden. Das propriozeptive System wird durch die Berührung der Haut und das Stellungsempfinden des Körpers angesprochen.

Als aktiv Tastende versuchen wir den Gegenstand im wahrsten Sinne des Wortes zu *begreifen*, indem wir die Oberflächenbeschaffenheit (klebrig, trocken, feucht, scharf, glatt, rauh, usw.), die Form (rund, unregelmäßig, eckig, Größe, usw.) und die Materialeigenschaften (biegsam, starr, weich, hart, elastisch, Gewicht, Menge, Temperatur usw.) wahrnehmen.

Wir können Material ertasten und durch unser Gehör erraten

Weitere Aufschlüsse über die Beschaffenheit gibt uns das Erzeugen von Klängen oder Geräuschen mit dem Material. Ein Material mit hoher spezifischer Dichte, z. B. aus Metall, hört sich anders an als z. B. Klanghölzchen. Oder das Geräusch von unterschiedlichen Rasseln gibt uns Auskunft über die Menge und Konsistenz des Rasselinhaltes.

Eine aus Bast geflochtene Kaxixi, die mit Samenkörnern gefüllt ist, hört sich anders an als eine Büchsenrassel, die Metallkügelchen enthält.

Wir können Material ertasten, durch unser Gehör erraten und sehen

Durch das Hinzunehmen einer weiteren Sinneswahrnehmung, dem Sehen, sind wir in der Lage, eine noch umfassendere Information über das Material zu erhalten. Die visumotorische Umsetzung wird hier im besonderen Maße gefördert.

Materialerfahrung in der Rhythmik von Mimi Scheiblauer

Die Rhythmiklehrerin Mimi Scheiblauer (1891–1968) hat die jedem Menschen zugänglichen und erfahrbaren Gesetzmäßigkeiten der Bewegung, des Materials und der Schwerkraft (Raum, Zeit, Kraft und Form) in ihrer heilpädagogischen Rhythmik eingesetzt. Musik und Material waren gleichberechtigte Partner in ihrem Rhythmikunterricht. Sie wählte einfache Spielgeräte (Reifen, Holzkugel, Tücher, Verschränkstäbchen / Rhythmikspanstäbchen, Seile, Schlaghölzchen / Klanghölzchen, Bälle usw.) und setzte sie im elementaren Spiel ein. *„Sie erkannte, daß Bewegungen nicht nur durch Musik ausgelöst werden können, sondern ebenso – und manchmal spontaner – durch bestimmtes und bewußt eingesetztes Material oder – um mit Friedrich Fröbel zu sprechen – mit Spielgaben."* [9]

Auf diese Weise bekam Mimi Scheiblauer Zugang zu geistig schwerstbehinderten Menschen, da durch das spezifische Aufgabenangebot diese Menschen nicht in eine Überforderungssituation gebracht wur-

---

[9] Hoffmann Muischneek, Sabine: „Wie tönt Grün?", Liestal / Schweiz 1989, S. 8.

den. Mimi Scheiblauer hatte damit die Ideen von Emile Jacques-Dalcroze (dem Begründer der Rhythmik), bezogen auf die allgemeine Pädagogik und die Sonder- und Heilpädagogik, erweitert.

Unterrichtsbeispiel:
- Jedes Kind klopft für sich allein.
- Jedes Kind klopft auf Schlaghölzchen für sich, wie es will.
- Alle klopfen, bis sich ein Gemeinschaftsrhythmus herausgebildet hat.
- Laut klopfen (Tendenz zum Schnellerwerden)
- Leise klopfen (Tendenz zum Langsamerwerden)
- Jedes wechselt nach Lust und Laune von laut zu leise, von leise zu laut.
- Befohlener Wechsel von laut zu leise auf „hopp".[10]

Praxisanmerkungen zu Wahrnehmungsspielen mit Materialien

1. *Umsetzungsvielfalt:* Sämtliche Übergange (das Austeilen und Einsammeln von Material) und ein Großteil der Spiele lassen sich auch mit anderen Materialien durchführen. Zum Beispiel:

   „Der blinde Reiter" (S. 68) läßt sich nicht nur mit Seilen, sondern auch mit Papprollen, Stäben, Tüchern, Ball usw. spielen.

   Zusätzlich können andere Materialien aus der Umwelt (z. B. Joghurtbecher, Stühle, Raschelfolie), Natur (z. B. Nüsse, Äste, Steine) und Rhythmikmaterialien (z. B. Rhythmik-Spanstäbchen, Raschelstäbe, Sand- oder Bohnensäckchen, Holzklötze / Vierkanthölzer) für die Wahrnehmungsspiele verwendet werden.

2. Die *Lieder* zu den Materialien Reifen, Seil, Ball und Stab sind zur Begleitung von Bewegungsformen mit dem jeweiligen Material entstanden. Da Rhythmikstunden mit Material durch die von ihnen ausgehende Bewegungsmotivation chaotische Tendenzen bekommen können, ist es sinnvoll, zwischen den Strophen Singpausen einzulegen. Die Kinder wollen mit der jeweiligen Bewegungsart alleine oder zu zweit spielen und sich gerne darin ausleben.

---

[10] Mattmüller-Frick, Felix: „Das Rhythmikbuch", Basel / Schweiz 1990, S. 6.

Tip: Ist die Gruppe unruhig, ist es für den geordneten Ablauf günstig, zuerst mit einem Lied zum Material (z. B. „Tacke-tack, der lange Stab") zu beginnen.

3. Es ist sinnvoll, mit jedem Material (ähnlich wie bei den Liedern beschrieben) eine *Experimentierphase* durchzuführen, um den Kindern ein eigenes Ausleben mit dem Material zu ermöglichen.

2.1 Spiele mit Reifen

Material: Holz- oder Plastikreifen (Durchmesser ca. 50–60 cm)

Reifen austeilen   3–12 Jahre
Die Kinder stehen im Kreis. Die Erzieherin rollt jedem Kind einzeln einen Reifen zu. Das Kind fängt den Reifen auf.

Förderung: visuell / feinmotorisch / Raumwahrnehmung / taktil-kinästhetisch

Lied: „Wir rollen jetzt den Reifen"   3–9 Jahre

1. Wir— rol-len jetzt den Rei-fen, wir— rol-len hin und her.

Wir— rol-len jetzt den Rei-fen, das— fällt uns gar nicht schwer.

1. Wir *rollen* jetzt den Reifen,
wir rollen hin und her.
Wir rollen jetzt den Reifen, das fällt
uns gar nicht schwer.

*Den Reifen durch den Raum
rollen lassen und anhalten.*

2. Wir *drehen* jetzt den Reifen,
wir drehen ihn im Kreis.
Wir drehen jetzt den Reifen und
stehen dann im Kreis.

Am Platz den Reifen drehen.

Gemeinsam einen Kreis bilden.

3. Wir *klopfen* mit dem Reifen,
mal laut und auch mal leis'.
Wir klopfen mit dem Reifen und
bleiben stehn ganz leis'.

*Am Platz den Reifen mal laut
und mal leise auf den Boden
klopfen.*

4. Wir *schwingen* jetzt den Reifen,
wir schwingen hin und her.
Wir schwingen jetzt den Reifen,
und das gefällt uns sehr.

*Den Reifen seitlich und vor
dem Körper schwingen.*

5. Wir *werfen* jetzt den Reifen,
wir werfen hoch hinauf.
Wir werfen jetzt den Reifen und
fangen ihn dann auf.

*Den Reifen hochwerfen und
auffangen.*

Ausführung: Die Kinder stehen im Kreis, wobei jedes einen Reifen hat. Das Lied wird gesungen und die beschriebenen Bewegungen (rollen, drehen, klopfen usw.) ausgeführt. Weitere Ausführungsideen der Kinder werden ebenfalls aufgenommen.

Tip: Da das Material „Reifen" die Kinder zum Experimentieren anregt ist es günstig, wenn nach jeder Strophe eine Probierphase mit der jeweiligen Bewegung stattfindet, die mit dem Einsatz der nächsten Liedstrophe beendet ist. Dadurch wird die freie Phase strukturiert und in Bahnen gelenkt.

Förderung: visuell / auditiv / taktil-kinästhetisch / Raumwahrnehmung / grob- und feinmotorisch

Den Reifen lauschen   3–12 Jahre

Die Kinder stehen mit ihren Reifen im Kreis. Auf ein Signal der Erzieherin drehen alle gleichzeitig ihren Reifen am Platz und schließen danach sofort die Augen. Die Kinder halten so lange die Augen geschlossen, bis nichts mehr von den Geräuschen der Reifendrehungen zu hören ist.

Förderung: feinmotorisch / auditiv / Konzentration / sozial

Der Hase läuft, so schnell er kann   3–9 Jahre

Die Kinder sind im Raum verteilt und sitzen als „Hasen" in ihrem „Hasennest" (Reifen). Dann spielt die Erzieherin auf dem Xylophon oder auf der Blockflöte zur Fortbewegungsart Laufen (siehe S. 51). Die „Hasen" laufen im Raum umher. Hört die Musik auf zu spielen, hüpfen alle „Hasen" in ihr „Hasennest".

Varianten: – Hört die Musik auf zu spielen, hüpfen die „Hasen" in ein fremdes „Hasennest".
– Hört die Musik auf zu spielen, hüpfen die „Hasen" zu zweit in ein „Hasennest".
– Die Erzieherin spielt auf der Blockflöte die Melodie von „Wir rollen jetzt den Reifen". Die Kinder gehen dazu. Ist eine Strophe zu Ende, hüpfen die Kinder in die Reifen hinein.

Förderung: auditiv / kinästhetisch / sozial / grobmotorisch / visuell / Raumwahrnehmung / Reaktion

Hasen-Fangen   4–9 Jahre

Ein Kind spielt den Jäger und steht mit einem langen Holzstab am Rand des Raumes. Die Erzieherin spielt auf dem Xylophon oder auf der Blockflöte zur Fortbewegungsart Laufen (siehe S. 51). Die „Hasen" laufen im Raum umher. Plötzlich klopft der „Jäger" einmal laut mit dem Holzstab auf den Boden (Schuß) und versucht dann, durch Abschlagen mit der Hand einen „Hasen" zu fangen. Alle „Hasen" rennen so schnell wie möglich in ihr jeweiliges „Hasennest",wo sie geschützt sind. Das abgeschlagene Kind ist der nächste Jäger.

Förderung: auditiv / visuell / taktil-kinästhetisch / grobmotorisch / Reaktion / sozial

Reifen legen und heben   4–12 Jahre

Die Kinder sitzen in der Hocke in je einem Reifen. Ertönt ein hoher Ton auf dem Xylophon (oder Glockenspiel), heben sie vorsichtig den Reifen über sich und stehen gleichzeitig auf. Dabei soll der Reifen den Körper nicht berühren. Ertönt ein tiefer Ton auf dem Xylophon (oder der Handtrommel), bewegen sie sich langsam in ihre Ausgangsposition zurück.

Förderung: visuell / auditiv / kinästhetisch / feinmotorisch / Raumwahrnehmung / Konzentration

Die Reifenstraße   2–9 Jahre

Zu diesem Spiel werden möglichst viele Reifen aus unterschiedlichen Materialien und in verschiedenen Größen benötigt. Die Kinder legen aus den Reifen gemeinsam eine Straße. Dabei liegen die Reifen aufeinander, in unterschiedlichen Abständen hintereinander, werden senkrecht und waagerecht gehalten usw. Dann gehen, steigen (Reifen aufeinander), krabbeln (Reifenröhre), hüpfen (Reifen am Boden), balancieren (am Reifenrand) die Kinder durch die Reifenstraße.

Variante: Die Kinder bewegen sich stumm durch die Reifenstraße. Sie versuchen, keine Geräusche durch Berührung der Reifen zu machen.

Förderung: visuell / taktil-kinästhetisch / kreativ / sozial / grob- und feinmotorisch / Konzentration / auditiv

Blind durch die Reifen   4–12 Jahre

Die Reifen sind gleichmäßig im Raum verteilt. Die Kinder bilden Paare. Ein Kind schließt die Augen, das andere faßt es an der Hand und führt es durch die Reifen. Dabei paßt das führende Kind auf, daß das blinde keinen Reifen berührt.

Varianten: – Das blinde Kind geht anschließend mit offenen Augen den Weg noch einmal nach.
             – Die Kinder gehen zunächst einzeln einen Weg durch die Reifen. Anschließend gehen sie ihn blind nach.

Förderung: taktil-kinästhetisch / sozial / Raumwahrnehmung / Gedächtnis / Konzentration / visuell

Reifen einsammeln   3–12 Jahre

Die Kinder stehen mit je einem Reifen im Raum verteilt. Sie haben die Augen geschlossen. Die Erzieherin tippt jedes Kind einzeln an. Daraufhin öffnet dies seine Augen und legt seinen Reifen an einem vorher bestimmten Platz ab.

Förderung: spüren / Konzentration / sozial

2.2 Spiele mit Seilen

Material: Litzenseile / Rhythmik-Legeseile aus Baumwolle (ca. 2,5 m lang) oder Springseile aus Hanf

Seile austeilen   3–12 Jahre

Die Kinder sitzen im Kreis und haben die Augen geschlossen. Die Erzieherin berührt ein Kind am Rücken mit einem Seil. Anschließend legt sie das Seil neben das Kind. Das wird wiederholt, bis jedes Kind ein Seil hat. Ertönt ein Signal mit der Zimbel, öffnen die Kinder die Augen.

Förderung: spüren / auditiv / Konzentration

Lied: „Schlingeling"   3–9 Jahre

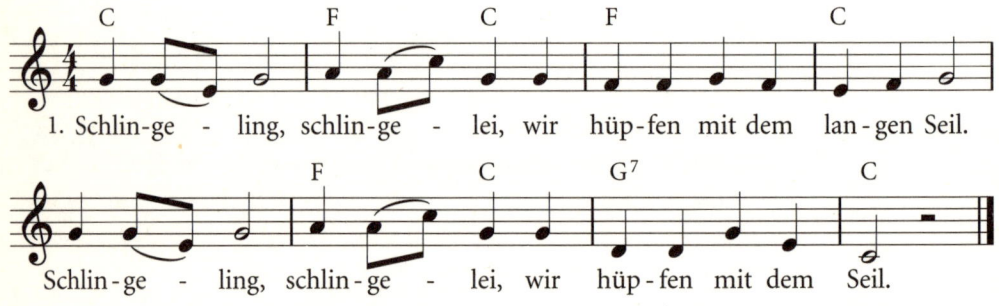

1. Schlin-ge - ling, schlin-ge - lei, wir hüp-fen mit dem lan-gen Seil.

Schlin-ge - ling, schlin-ge - lei, wir hüp-fen mit dem Seil.

1. Schlingeling, Schlingelei,
wir hüpfen mit dem *langen*[11] Seil.

Mit dem Seil lustig durch den Raum hüpfen oder am Platz Seilhüpfen.

---

[11] das Wort *lange/n* wird bei der Wiederholung der Strophe jeweils weggelassen.

2. Schlingeling, Schlingelei,
wir knuddeln nun das *lange* Seil.

Das Seil rasch eng zusammenschlingen.

3. Schlingeling, Schlingelei,
wir werfen nun das *lange* Seil.

Das zusammengeschlungene Seil in die Luft werfen.

4. Schlingeling, Schlingelei,
wir schwingen jetzt das *lange* Seil.

Das Seil mit einer Hand an beiden Enden halten, dabei seitlich und vor sich schwingen.

5. Schlingeling, Schlingelei,
wir laufen mit dem *langen* Seil.

Mit dem Seil rasch durch den Raum laufen.

6. Schlingeling, Schlingelei,
zur Schnecke wird das *lange* Seil.

Das Seil auf den Boden legen und zur Schnecke einrollen.

Ausführung: Die Kinder stehen im Raum verteilt, und jedes hat ein Seil in der Hand. Das Lied wird gesungen und die beschriebenen Bewegungen (hüpfen, werfen, schwingen usw.) ausgeführt. Weitere Ausführungsideen der Kinder werden ebenfalls aufgenommen.

Tip: Da das Material „Seil" die Kinder zum Experimentieren anregt, ist es günstig, wenn wie bei den anderen Materialien auch nach jeder Strophe eine Probierphase mit der jeweiligen Bewegung (hüpfen, werfen, schwingen usw.) stattfindet, die mit dem Einsatz der nächsten Liedstrophe endet. Dadurch wird die freie Phase strukturiert und in Bahnen gelenkt.

Förderung: visuell / auditiv / taktil-kinästhetisch / Raumwahrnehmung / grob- und feinmotorisch

Labyrinth · 4–10 Jahre

Die Kinder legen mit Hilfe der Erzieherin ein Labyrinth aus Seilen. Anschließend geht ein Kind in das Labyrinth hinein. Ist es in der Mitte angekommen, spielt die Erzieherin oder ein weiteres Kind ein lautes Signal auf der Pauke oder dem Becken. Dann geht das Kind wieder aus dem Labyrinth hinaus. Dies wird so lange wiederholt, bis jedes Kind an der Reihe war.

Förderung: Visuell / taktil-kinästhetisch / sozial / Raumwahrnehmung / Konzentration / Kreativität / auditiv

Der Fährmann / Die Fährfrau · 4–11 Jahre

Mehrere Litzenseile werden zusammengeknotet und anschließend ca. 1 m geflochten oder miteinander verdreht. Ein Kind als „Fährmann / Fährfrau" nimmt das verknotete Ende, die anderen Kinder nehmen jeweils das Ende eines Seiles in die Hand und schließen die Augen. Der „Fährmann" / die „Fährfrau" führt die anderen über den Fluß (durch den Raum). Dies wird wiederholt, bis jedes Kind einmal geführt hat.

Förderung: visuell / spüren / tasten / sozial / Raumwahrnehmung / Konzentration / kinästhetisch

Die Rückenmalerin / Der Rückenmaler · 4–12 Jahre

Die Kinder bilden Paare und setzen sich jeweils hintereinander. Das vordere Kind hat ein Seil vor sich liegen. Es schließt die Augen, und das hintere Kind malt mit dem Zeigefinger eine einfache Form (Kreis, Viereck, Sonne, Haus, Schnecke, Herz usw.) auf den Rücken. Das vordere Kind legt die gespürte Form mit dem Seil nach. Rollenwechsel.

Varianten: 1. Die Kinder bilden Paare. Ein Kind schließt die Augen, und das andere legt eine beliebige Form mit ein oder zwei Seilen auf den Boden. Dann tastet das „blinde"Kind mit den Fußsohlen die Form ab. Anschließend wird das Gespürte mit geschlossenen Augen nachgelegt. Im Anschluß werden die gelegten Seilformen miteinander verglichen. 2. Die Erzieherin spielt auf dem Xylophon oder auf der Blockflöte zu den Fortbewegungsarten Gehen, Laufen, Hüpfen (siehe S. 46, 51, 52).

Die Kinder bewegen sich dazu mit einem Seil im Raum. Hört die Musik auf, setzen sie sich auf den Boden und schließen die Augen. Die Erzieherin tippt daraufhin ein Kind an. Dieses öffnet die Augen und malt mit dem Zeigefinger jedem Kind die gleiche Form auf den Rücken. Die Kinder legen dann das Gespürte mit dem Seil nach.

Auf ein Signal mit der Zimbel öffnen alle Kinder die Augen und vergleichen die gelegten Seilformen miteinander.

Förderung: Spüren / tasten / Konzentration / kreativ / Raumwahrnehmung / auditiv / kinästhetisch / visuell / sozial

Formen legen und balancieren   3–8 Jahre

Die Kinder bilden Paare. Ein Kind stellt sich in den Vierfüßler-Stand, und das andere rollt mit dem Seil eine Schnecke oder formt etwas anderes auf dessen Rücken. Dann bewegt sich das Kind im Vierfüßler-Stand vorsichtig vorwärts, wobei das Seil möglichst nicht verrutschen soll. Ertönt ein Signal auf dem Becken, werden die Rollen getauscht.

Variante: Das Kind robbt auf dem Bauch als Schnecke durch den Raum.

Förderung: Gleichgewicht / kinästhetisch / spüren / tasten / Konzentration / auditiv / kreativ / visuell /sozial

Straßennetz   3–9 Jahre

Die Kinder gestalten mit den Seilen ein „Straßennetz" mit geraden und krummen Straßen. Einige Kinder stellen sich dann in das „Straßennetz" und stellen kleine, große, hohe und breite Häuser dar. Die anderen balancieren auf den „Straßen" um die Häuser herum.

Variante: Die Erzieherin spielt auf einer Rassel. Hört die Rassel auf, bleiben alle stehen.

Förderung: visuell / Gleichgewicht / kinästhetisch / spüren / tasten / Konzentration / auditiv / kreativ / sozial

Reiterspiel   4–9 Jahre

Die Kinder bilden Paare und verteilen sich im Raum. Ein Kind ist jeweils der Reiter, das andere das Pferd. Beide stehen sich gegenüber, und der Reiter legt dem Pferd das Seil (Zaumzeug) um: Die Seilmitte wird dabei hinter den Hals gelegt und die Seilenden nach vorn gezogen. Anschließend stellt sich der Reiter hinter das Pferd und zieht die Seilenden unter den Achseln her nach hinten. Der Reiter hält jetzt die Zügel des Pferdes in den Händen.

Die Erzieherin spielt nun auf dem Xylophon oder auf der Blockflöte (siehe S. 46, 51, 55) zu den Fortbewegungsarten Gehen (Schritt) / Laufen (Trab) / Galoppieren. Die Kinder bewegen sich dazu im Raum. Hört die Musik auf zu spielen, werden die Rollen getauscht.

Förderung: visuell / auditiv / spüren / tasten / kinästhetisch / sozial / Raumwahrnehmung

Der blinde Reiter   4–9 Jahre

Die Kinder bilden Paare und verteilen sich im Raum. Ein Kind ist jeweils der Reiter und legt dem anderen Kind das Seil als Zügel um (siehe oben). Der Reiter nimmt die Seilenden, schließt die Augen und läßt sich von seinem „Pferd" durch den Raum führen. Ertönt ein Signal auf dem Becken, werden die Rollen getauscht.

Förderung: visuell / auditiv / spüren / tasten / Konzentration / sozial / Raumwahrnehmung /

Das Kutscher-Spiel   4–9 Jahre

Mehrere Kinder (2 bis 4) bilden mit den Seilen ein Gespann (Zaumzeug anlegen, siehe S. 68). Das letzte Kind ist der Kutscher. Die Erzieherin spielt auf dem Xylophon oder auf der Blockflöte (siehe S. 46, 51, 55) zu den Fortbewegungsarten Gehen (Schritt) / Laufen (Trab) / Galoppieren. Die Kinder bewegen sich dazu im Raum. Hört die Musik auf zu spielen, werden die Rollen getauscht.

Variante: Das erste Kind (Pferd) führt die anderen durch den Raum. Die anderen Pferde und der Kutscher haben die Augen geschlossen. Die Erzieherin spielt dazu die Fortbewegungsart Gehen.

Tip: Es kann zuerst mit einem Zweier-Gespann begonnen und im „Schritt" (Fortbewegungsart Schreiten) durch den Raum gegangen werden.

Förderung: visuell / auditiv / spüren / tasten / kinästhetisch / sozial / Raumwahrnehmung

Auf das Mäuseschwänzchen treten   3–9 Jahre

Material: mit Kreppapierband oder Seilen

Jedes Kind steckt sich ein 1,5–2,0 m langes Kreppapierband oder ein Seil in den Hosenbund am Rücken.

Die Erzieherin spielt auf dem Xylophon oder auf der Blockflöte zu den Fortbewegungsarten Laufen und Hüpfen (siehe S. 51, 53). Die Kinder bewegen sich dazu und versuchen, sich gegenseitig auf ihr Mäuseschwänzchen zu treten. Verliert ein Kind das Mäuseschwänzchen, läuft es schnell ins Mäusehaus (Sitzkreis). Die Erzieherin spielt so lange auf dem Xylophon oder der Blockflöte, bis nur noch ein Kind übrig ist. Dann stecken die Kinder ihr Mäuseschwänzchen zurück in den Hosenbund, und das Ganze fängt wieder von vorne an.

Förderung: visuell / auditiv / kinästhetisch / Reaktion / Konzentration / sozial

Seile einsammeln   3–9 Jahre

Die Kinder sitzen im Kreis und rollen mit dem Seil eine Schnecke ein. Dann schieben sie ihre Schnecke in die Kreismitte, wobei diese nicht verrutschen soll.

Förderung: tasten / spüren / visuell / Konzentration / feinmotorisch

2.3 Spiele mit Bällen

Material: Tennisbälle, Gymnastikbälle, Softbälle, Moosgummibälle, Kooshbälle

Bälle austeilen   3–10 Jahre
Die Kinder sitzen im Kreis. In der Mitte liegen die Bälle. Die Erzieherin zwinkert einem Kind zu. Daraufhin nimmt sich dieses Kind einen Ball aus der Kreismitte.

Dies wird wiederholt, bis jedes Kind einen Ball hat.

Förderung: visuell / Konzentration / sozial

Lied: „Kugelrund ist der Ball"   3–9 Jahre

1. Ku - gel - rund   ist   der   Ball,   wun - der - schön

an - zu - sehn.   Schmiegt sich   an,   an   die   Hand.

Ich   rol - le   den   Ball   hin   und   her.

Refrain: Kugelrund ist der Ball,   *Den Ball in den Händen rollen.*
wunderschön anzusehn.   *Hochhalten und anschauen.*
Schmiegt sich an, an die *Hand* [12].   *Den Ball leicht in die Hand*
                                         drücken.

---

[12] Der Ball kann sich an den Bauch, das Haar, das Bein usw. anschmiegen. Der Liedtext wird dementsprechend verändert (z. B. „Schmiegt sich an, an den Arm"). Die Ideen der Kinder werden mitaufgenommen.

1. ‖: Ich rolle den Ball hin und her. :‖
Kugelrund …

Den Ball am Boden hin und her rollen.
Wie beschrieben.

2. ‖: Ich roll zu dir und du zu mir. :‖

Kugelrund …

Sich einen Partner suchen und ihm den Ball zurollen. Gleichzeitig den Ball des Partners fangen.
Wie beschrieben.

3. ‖: Ich werfe und fange ihn auf. :‖
Kugelrund …

Hochwerfen und auffangen.
Wie beschrieben.

4. ‖: Ich werfe, und du fängst ihn auf. :‖

Kugelrund …

Sich einen Partner suchen und ihm den Ball zuwerfen. Gleichzeitig den Ball des Partners auffangen.
Wie beschrieben.

5. ‖: Ich prelle und fange ihn auf. :‖
Kugelrund …

Prellen und auffangen.
Wie beschrieben.

6. ‖: Ich prelle, und du fängst ihn auf. :‖

Sich einen Partner suchen und ihm den Ball zuprellen. Gleichzeitig den Ball des Partners auffangen.

Ausführung: Die Kinder stehen im Kreis und haben jeweils einen Ball. Das Lied wird gesungen und die beschriebenen Bewegungen (rollen, werfen, prellen) ausgeführt. Weitere Ausführungsideen der Kinder werden mitaufgenommen.

Tip: Da das Material „Ball" die Kinder zum Experimentieren anregt ist es günstig, wenn wie bei den anderen Materialien auch nach jeder Strophe eine Probierphase mit der jeweiligen Bewegung (rollen, werfen, prellen) stattfindet, die mit dem Einsatz der nächsten Liedstrophe endet. Dadurch wird die freie Phase strukturiert und in Bahnen gelenkt.

Die letzte Zeile jeder Strophe kann beliebig wiederholt werden, um die Dauer der Bewegungsausführungen der Kinder zu lenken.

Förderung: Auditiv / visuell / taktil-kinästhetisch / Raumwahrnehmung / grob- und feinmotorisch / sozial

Den Ball spüren   **3–10 Jahre**

1. Die Kinder stecken den Ball durch Kleideröffnungen (Hosenbund, Kragen, Ärmel) und lassen ihn an einer anderen Öffnung herausfallen.

2. Die Kinder bilden Paare. Ein Kind legt sich auf den Bauch. Das andere setzt sich daneben und rollt einen Tennisball um das Kind und auf dem Kind herum.

Förderung: Tasten / spüren / sozial / kreativ

Der Ball-Akrobat   5–10 Jahre

Die Kinder sitzen im Kreis und sind in drei Gruppen eingeteilt. In der ersten Gruppe hat jedes Kind eine Handtrommel, in der zweiten Gruppe Rain-maker/Rasseln und in der dritten Glockenspiel/Metallophon/Zimbel. Ein Kind tritt mit einem Ball als „Ball-Akrobat" vor das Orchester und dirigiert mit folgenden Bewegungen:

mit dem Ball prellen   auf der Handtrommel ein Tremolo, dann einen lauten Akzent

mit dem Ball rollen   mit dem Rain-maker spielen

den Ball werfen   auf dem Glockenspiel rasche Glissandi von unten nach oben

Tip: Für das Zusammenspiel von Orchester und „Ball-Akrobat" ist es günstig, wenn der „Ball-Akrobat" längere Phasen mit einer der drei Bewegungen ausführt.

Förderung: visuell/taktil-kinästhetisch/Reaktion/auditiv/sozial/Konzentration

Bälle rollen   4–10 Jahre

Die Kinder bilden Paare und setzen sich mit gespreizten Beinen gegenüber, so daß sich ihre Fußsohlen berühren. Jedes Kind hat einen Ball. Gibt die Erzieherin oder ein Kind ein Signal auf dem Becken, rollt jedes Kind seinen Ball dem Partner zu, ohne daß die Bälle zusammenstoßen.

Variante: Die Erzieherin improvisiert auf der Blockflöte oder auf dem Xylophon eine Melodie. Dazu rollen sich die Kinder die Bälle zu. Hört die Musik auf zu spielen, hören die Kinder auch mit dem Ballrollen auf.

Förderung: visuell/tasten/spüren/Reaktion/auditiv/sozial

Bälle prellen und werfen   5–10 Jahre

Die Kinder stehen im Raum verteilt. Jedes Kind hat einen Ball in der Hand. Die Erzieherin spielt auf der Handtrommel oder auf dem Xylophon zur Fortbewegungsart Schreiten (siehe S. 49). Die Kinder prellen oder werfen am Platz im Tempo der Musik.

Variante: Die Kinder sind in eine Prell-Gruppe und in eine Werf-Gruppe eingeteilt. Zwei Kinder sind Instrumentalisten. Das erste Kind spielt auf der Handtrommel im Tempo der Fortbewegungsart Schreiten, die entsprechende Gruppe prellt dazu. Das zweite Kind spielt auf dem Xylophon die Fortbewegungsart Schreiten, die entsprechende Gruppe wirft dazu. Die Erzieherin oder ein Kind gibt durch Antippen die Spieleinsätze (1mal antippen = anfangen zu spielen, 2mal antippen = aufhören zu spielen).

Förderung: visuell / auditiv / taktil-kinästhetisch / Reaktion / Konzentration / Raumwahrnehmung / sozial

Eine Reise um den Ball (wie: Reise nach Jerusalem)   4–10 Jahre

Jedes Kind hat einen Ball. Die Bälle werden gleichmäßig im Raum verteilt. Ein Ball wird herausgenommen. Dann spielt die Erzieherin auf der Blockflöte oder dem Xylophon zu den Fortbewegungsarten Gehen, Laufen, Hüpfen, Galoppieren (siehe S. 46, 51, 52, 55). Die Kinder bewegen sich entsprechend dazu, ohne die Bälle am Boden zu berühren. Hört die Musik auf zu spielen, ergreift jedes Kind so schnell wie möglich einen Ball. Wer keinen Ball erwischt oder einen Ball zu früh berührt, scheidet aus.

Förderung: visuell / taktil-kinästhetisch / auditiv / Reaktion / sozial

Der Ball-Weg   4–11 Jahre

Material: mit Igelbällen, Moosgummibällen, Tennisbällen
Die Kinder bilden Paare und legen je zwei Seile parallel als Ball-Weg auf den Boden. Am Ende des Weges liegen einige Tücher als Ballnest. Dann setzt sich jedes Paar an den Anfang des Weges und rollt mit der Hand den Ball durch den Ball-Weg.

Varianten: – Mit geschlossenen Augen den Ball durch den Ball-Weg rollen.
              – Mit den Füßen den Ball durch den Ball-Weg rollen (Augen geöffnet).
              – Die Kinder legen gemeinsam einen großen Ball-Weg durch den Raum (Seile parallel legen) und rollen den Ball hindurch.

Förderung: visuell / tasten / spüren / kinästhetisch / sozial / kreativ / Gleichgewicht / feinmotorisch

Bälle einsammeln   3–10 Jahre

Die Kinder stehen in einem großen Kreis, dabei werfen sie den Ball hoch. Dann stellt sich die Erzieherin vor jedes Kind, das ihr daraufhin den Ball zuwirft. Dies wird wiederholt, bis jedes Kind seinen Ball abgeworfen hat.

Förderung: visuell / taktil-kinästhetisch / sozial

2.4 Spiele mit Stäben

Material: Holz- oder Plastikstäbe (80–100 cm lang)

Stäbe austeilen   3–10 Jahre

Die Kinder stehen im Kreis und haben die Augen geschlossen. In der Mitte liegen die Stäbe. Die Erzieherin tippt nun ein Kind an, daraufhin öffnet dieses seine Augen und holt sich einen Stab aus der Mitte. Dies wird wiederholt, bis jedes Kind einen Stab hat.

Förderung: spüren / Konzentration / sozial

Lied: „Tacke-tack, der lange Stab" 4–9 Jahre

1. Tak-ke-tack, tak-ke-tack, wir klo-pfen mit dem lan-gen Stab.
Tak-ke-tack, tak-ke-tack, wir klo-pfen mit dem Stab.

1. Tacke-tack, tacke-tack,
wir klopfen mit dem langen Stab.
Tacke-tack, tacke-tack,
wir klopfen mit dem Stab.

*Im Liedrhythmus mit dem Stab
auf den Boden klopfen.*

2. Hin und her, kreuz und quer,
mit ihm zu laufen, ist nicht schwer.
Hin und her, kreuz und quer,
zu laufen ist nicht schwer.

*Mit dem Stab vorwärts, rück-
wärts, seitwärts durch den
Raum laufen.*

3. Klipp und klapp, klipp und klapp,
zu zweit, da klopfen wir im Takt.
Klipp und klapp, klipp und klapp,
wir klopfen nun im Takt.

*Die Kinder bilden Paare und
klopfen ihre Stäbe im Liedrhythmus auf- und gegeneinander.*

4. Rolle hin, rolle her,
den Stab zu rollen, ist nicht schwer.
Rolle hin, rolle her,
ja, das ist gar nicht schwer.

*In die Hocke gehen und den
Stab hin- und herrollen.*

5. Hopp-hopp-hopp, hopp-hopp-
hopp, das Pferdchen läuft schnell
im Galopp. Hopp-hopp-hopp,
hopp-hopp-hopp,
wir laufen im Galopp.

*Den Stab als Steckenpferd
zwischen die Beine nehmen
und durch den Raum galop-
pieren.*

6. Hui-hui-heh, hui-hui-hum,   *Den Stab als Hexenbesen*
Wir fliegen auf dem Besen rum.   *zwischen die Beine nehmen*
Hui-hui-heh, hui-hui-hum,   *und durch den Raum laufen*
wir fliegen wild herum.   *oder galoppieren.*

Ausführung: Die Kinder stehen im Kreis und haben jeweils einen Stab in der Hand. Das Lied wird gesungen und die beschriebenen Bewegungen (klopfen, laufen, rollen) ausgeführt. Weitere Ausführungsideen der Kinder werden aufgenommen.

Tip: Da das Material „Stab" die Kinder zum Experimentieren anregt, ist es günstig, wenn wie bei den anderen Materialien auch nach jeder Strophe eine Probierphase mit der jeweiligen Bewegung (klopfen, laufen, rollen usw.) stattfindet, die mit dem Einsatz der nächsten Liedstrophe endet. Dadurch wird die freie Phase strukturiert und in Bahnen gelenkt.

Förderung: visuell / auditiv / taktil-kinästhetisch / Raumwahrnehmung / grob- und feinmotorisch / sozial

Der Wechsel-Stab   5–12 Jahre

Die Erzieherin spielt auf dem Xylophon oder auf der Blockflöte zu den Fortbewegungsarten Gehen, Schreiten, Laufen, Hüpfen (siehe S. 46 ff.). Die Kinder bewegen sich entsprechend dazu. Ein Kind hat einen Stab und wirft ihn in einem beliebigen Augenblick einem anderen Kind zu. Dieses wirft dann wiederum den Stab einem weiteren Kind zu usw.

Tip: Das werfende Kind muß vorher Blickkontakt mit dem Fänger aufnehmen.

Förderung: visuell / auditiv / taktil-kinästhetisch / Reaktion / Konzentration / sozial

Der Balancier-Stab   4–11 Jahre

Die Stäbe liegen gleichmäßig im Raum verteilt. Die Erzieherin spielt auf dem Xylophon oder auf der Blockflöte zu den Fortbewegungsarten Gehen, Laufen, Hüpfen (siehe S. 46 ff.). Die Kinder bewegen sich entsprechend dazu. Hört die Musik auf zu spielen, laufen die Kinder rasch zu einem Holzstab und balancieren auf ihm.

Variante: Hört die Musik auf zu spielen, laufen die Kinder rasch zu einem Holzstab und balancieren ihn auf der Handfläche oder auf zwei Fingern.

Förderung: visuell / auditiv / taktil-kinästhetisch / Gleichgewicht / Reaktion / Konzentration

Der Dirigent der Stäbe   5–11 Jahre

Die Kinder stehen mit großem Abstand zueinander im Halbkreis. Jedes Kind hat einen Stab in der Hand. Ein Kind tritt als „Dirigent der Stäbe" mit seinem Stab vor das Orchester. Es führt Bewegungen aus, die die anderen genau nachahmen. Rollenwechsel.

Variante: Der „Dirigent" klopft mit dem Stab einen Rhythmus auf den Boden. Das „Orchester" klopft möglichst genau nach.

Förderung: visuell / auditiv / taktil-kinästhetisch / Reaktion / Konzentration / sozial

Stäbe einsammeln   4–10 Jahre

Die Kinder stehen mit ihren Stäben im Kreis. Die Erzieherin stellt sich vor ein Kind. Dieses wirft ihr daraufhin den Stab möglichst senkrecht zu. Dies wird wiederholt, bis alle Stäbe eingesammelt sind.

Förderung: visuell / taktil-kinästhetisch / Konzentration

2.5 Spiele mit Tüchern

Material: Nylontücher, Seidentücher, Baumwolltücher (ca. 70 × 70 cm)

Tücher austeilen   3–12 Jahre
Die Kinder stehen im Raum verteilt und haben die Augen geschlossen. Die Erzieherin legt über den Kopf jedes Kindes ein Tuch. Ertönt ein Signal mit der Zimbel, öffnen die Kinder die Augen.
Förderung: spüren / auditiv / Konzentration

Erde und Luft   4–11 Jahre
Die Kinder werden in zwei Gruppen eingeteilt. Die „Gruppe der Erde" erhält braune und grüne Nylontücher (warme Farben). Die „Gruppe der Luft" bekommt blaue Tücher (kalte Farben) in verschiedenen Farbnuancierungen. Zwei Kinder sind Instrumentalisten. Das erste Kind improvisiert auf einer großen Trommel Musik für die Erde. Die Kinder mit den braunen Tüchern bewegen sich dazu im Raum. Das zweite Kind improvisiert auf dem Glockenspiel Musik für die Luft. Die Kinder mit den blauen Tüchern bewegen sich dazu.

Die Erzieherin oder ein Kind gibt durch Antippen der Instrumentalisten die Spieleinsätze:

1mal antippen: *anfangen zu spielen*
2mal antippen: *aufhören zu spielen*
Rollenwechsel.

79

Varianten: Das Spiel kann durch Wassergruppen (Rain-maker, dunkelblaue Tücher) und Feuergruppen (Becken, rote, orange-farbene, gelbe Tücher) nach Belieben erweitert werden.

Förderung: visuell / auditiv / taktil-kinästhetisch / kreativ / Konzentration / sozial

Feuer / Wasser / Erde / Luft   4–11 Jahre
Die Gruppe legt gemeinsam mit den Tüchern ein Bild auf den Boden, das die Elemente darstellt.

Förderung: visuell / sozial / kreativ / taktil

Das schwebende Tuch   4–11 Jahre
Die Kinder stehen im Raum verteilt und halten je ein Tuch an zwei Enden. Sie schwingen das Tuch nach oben und lassen es herunterschweben. Dabei versuchen sie in dem Augenblick, in dem das Tuch den Boden berührt, mit dem Kopf ebenfalls den Boden zu berühren.

Förderung: visuell / Konzentration / taktil-kinästhetisch / Reaktion

Blumen blühen   4–11 Jahre
Die Kinder sitzen im Kreis und umschließen mit den Händen je ein zusammengeknäultes Tuch. Auf ein Signal mit der Zimbel öffnen die Kinder langsam ihre Hände. Die Blumen (Tücher) beginnen zu blühen.

Förderung: visuell / Konzentration / feinmotorisch / auditiv

Die Bienen fliegen   4–10 Jahre
Die Kinder gehen zu zweit oder zu dritt zusammen. Die Gruppen verteilen sich im Raum und legen aus Nylontüchern und Seilen bunte Blumen. Die Erzieherin markiert in einer Raumecke am Boden mit Seilen ein Bienenhaus. Die Kinder (Bienen) gehen in den Bienenstock hinein. Dann spielt die Erzieherin auf der Blockflöte oder auf dem Glockenspiel zur Fortbewegungsart Laufen (siehe S. 51). Die „Bienen" schwärmen aus dem Bienenstock aus und „fliegen" (Hände seitlich mit schnellen Auf-und Abbewegungen) um die Blumen herum.

Hört die Musik auf zu spielen, suchen sich die „Bienen" ihre Blume und setzen sich vorsichtig darauf. Beginnt die Musik erneut zu spielen, fliegen die „Bienen" zurück in den Bienenstock.

Varianten:
– Auf der Blume liegen einige Sandsäckchen (Pollen oder Nektar), die die „Bienen" dann in den Bienenstock transportieren.
– Spielt die Erzieherin auf einer Rassel, fliegen die „Bienen" im Raum herum. Hört die Rassel auf zu spielen, landen sie auf einer „fremden" Blume. Spielt die Erzieherin auf der Blockflöte, fliegen sie zurück in den Bienenstock.

Förderung: visuell / auditiv / kreativ / sozial / taktil-kinästhetisch / Reaktion

Der Leithammel   3–10 Jahre

Ein Kind spielt den Leithammel und bekommt ein braunes Tuch oder eine leichte Decke um die Schulter gelegt. Die anderen Kinder folgen ihm als Schafherde.

Der Leithammel bewegt sich:
– laufend, hüpfend, schreitend, gehend
– schnell / langsam
– seitwärts / rückwärts. Rollenwechsel.

Förderung: visuell / kreativ / sozial / kinästhetisch / Reaktion

Die Bettdecke   3–9 Jahre

Jedes Kind hält ein Tuch in der Hand. Ein Kind legt sich auf den Rücken, und die anderen setzen sich um das Kind herum. Die Erzieherin tippt ein Kind an. Dieses legt daraufhin sein Tuch auf das liegende Kind, behält jedoch ein Tuchende in der Hand. Dies wird wiederholt, bis jedes Kind an der Reihe war. Auf ein Signal mit der Zimbel ziehen alle gleichzeitig ihr Tuch rasch weg. Das Spiel kann wiederholt werden, bis jedes Kind einmal auf dem Boden gelegen hat.

Tip: Die Nylontücher auch über den Kopf des liegenden Kindes legen.

Förderung: visuell / spüren / auditiv / Reaktion / sozial

Tücher einsammeln 3–9 Jahre

Die Kinder stehen im Kreis. Ein Kind beginnt und führt sein „Lieblingsspiel" mit dem Tuch vor (z. B. das Tuch langsam heruntersegeln lassen, sich damit im Kreis drehen). Anschließend legt es sein Tuch in der Kreismitte ab. Dies wird wiederholt, bis jedes Kind an der Reihe war.

Förderung: visuell / taktil-kinästhetisch / kreativ / sozial

2.6 Spiele mit Papprollen

Material: Papprollen unterschiedlichster Dicke und Größe (von 12 cm bis 1 m)

Papprollen austeilen 3–10 Jahre

Die Kinder sitzen im Kreis. In der Mitte liegen Papprollen unterschiedlicher Größe. Die Erzieherin zwinkert einem Kind zu. Dieses sucht sich daraufhin eine Papprolle aus. Dies geht so lange, bis jedes Kind eine Papprolle hat.

Förderung: visuell / Konzentration / sozial

Das Lauschrohr 4–12 Jahre

Die Kinder sitzen im Kreis und halten jeweils eine Papprolle in den Händen. Sie lauschen durch die Papprolle. Spielt die Erzieherin ein Signal auf einem Becken, gibt jedes Kind seine Papprolle nach rechts seinem Nachbarn weiter. Dies wird so lange wiederholt, bis jedes Kind durch alle Papprollen gelauscht hat (die Hörgeräusche der Rollen variieren je nach Länge und Dicke).

Variante: 1. Ein Kind spielt das Signal auf dem Becken.

2. Dieses Spiel läßt sich als Experimentierphase ebenfalls mit beliebigen Materialien und Instrumenten durchführen.

Förderung: auditiv / Konzentration / sozial / visuell

Das Sehrohr   4–12 Jahre

Die Kinder stehen im Raum verteilt und betrachten ihre Umgebung durch das „Sehrohr". Dann spielt die Erzieherin auf der Blockflöte oder dem Metallophon zu den Fortbewegungsarten Gehen und Schreiten (siehe S. 46 ff.). Die Kinder bewegen sich mit ihrem Sehrohr dazu vorsichtig im Raum.

Variante: Durchführung wie eben. Die Kinder halten sich jetzt jedoch zuerst ein Auge zu und gehen durch den Raum. Dabei begrüßen sie sich gegenseitig, indem sie sich durch das Sehrohr anblicken. Danach halten sie sich das andere Auge zu.

Förderung: visuell / auditiv / Raumwahrnehmung / taktil-kinästhetisch / Konzentration / sozial

Das Sprachrohr   3–12 Jahre

Die Kinder sitzen im Kreis. Der Reihe nach spricht jedes Kind eine Botschaft durch sein Sprachrohr.

Die anderen sprechen diese durch ihr Sprachrohr nach.

Förderung: auditiv / Konzentration / Gedächtnis

Das Postrohr (Stille Post)   4–12 Jahre

Die Kinder sitzen im Kreis. Ein Kind beginnt, hält sein „Postrohr" an das Ohr seines Nachbarn und flüstert ihm ein geheimes Wort durch das Rohr zu. Dieses Kind gibt das Verstandene wiederum an seinen Nachbarn weiter. Das wird so lange gemacht, bis das Wort wieder beim ersten Kind ankommt. Die geheime Nachricht wird miteinander verglichen. Mit jeweils anderen Kinder wird dies mehrmals wiederholt.

Förderung: auditiv / sozial / kreativ / visuell / Gedächtnis

Das Signalrohr   4–12 Jahre

Die Kinder sitzen im Kreis mit dem Rücken zur Kreismitte. Ein Kind beginnt und klopft eine „geheime Botschaft" mit dem „Signalrohr" auf den Boden. Die anderen raten, wie die Botschaft heißen könnte. Dies wird mehrmals wiederholt.

Tip: Kleine Kinder (4 bis 6 Jahre) klopfen einen beliebigen Rhythmus auf den Boden, und die anderen Kinder interpretieren die Botschaft. Bei größeren Kinder sollte der Rhythmus mit den Sprechsilben der Botschaft übereinstimmen.

Förderung: auditiv / kreativ / feinmotorisch

Die Rollen rollen   3–10 Jahre

Die Kinder bilden Paare und setzen sich im Abstand von ca. 1,5 m auf den Boden. Sie rollen sich gegenseitig immer nur eine Rolle zu.

Varianten: – Die Kinder schieben sich die Rollen der Länge nach gegenseitig zu.
             – Ertönt ein Signal mit der Zimbel, hören die Kinder auf.

Förderung: visuell / taktil-kinästhetisch / auditiv / sozial

Die Papprollen einsammeln   3 –10 Jahre

Die Kinder sitzen mit geschlossenen Augen im Raum verteilt. Sie halten das Papprohr an ein Ohr. Die Erzieherin spricht durch ihr Papprohr den Namen eines Kindes. Daraufhin öffnet dieses seine Augen und legt sein Papprohr im Sitzkreis ab. Dies wird wiederholt, bis alle Kinder aufgerufen wurden.

Förderung: auditiv / Konzentration / sozial

2.7 Spiele mit Märchenwolle

Material: Märchenwolle (ungesponnene Schafwolle aus dem Fachhandel, die in unterschiedlichen Pflanzenfarben eingefärbt ist)

Märchenwolle austeilen   3 –10 Jahre
Die Kinder sitzen mit geschlossenen Augen im Kreis. Die Erzieherin legt in die Kreismitte farbige Wollflocken. Dann streicht sie einem Kind mit einer Wollflocke über die Arme und das Gesicht. Daraufhin öffnet das Kind die Augen und sucht sich eine farbige Wollflocke heraus. Dies wird wiederholt, bis jedes Kind an der Reihe war.

Förderung: spüren / Konzentration / sozial

Tolle Wolle   3–10 Jahre
Die Kinder spielen und experimentieren mit ihrer Wollflocke. Sie drehen, reißen, dehnen, werfen, formen sie, z. B. als Brille. Dann stellen sich alle Kinder in Kreisform auf. Ein Kind nach dem anderen zeigt sein „Lieblingsspiel" mit der Wollflocke. Die anderen Kinder ahmen es nach.

Förderung: visuell / spüren / tasten / kinästhetisch / kreativ / sozial

Bunte Flocken schweben   3–10 Jahre
Die Kinder ziehen ihre Wollflocke soweit wie möglich auseinander. Dann verteilen sie sich im Raum und lassen die Flocken schweben.

Varianten:
– Die Kinder versuchen die Flocken mit dem Knie, dem Arm, dem Kopf, der Schulter aufzufangen.
– Die Kinder bilden Paare. Sie lassen ihre Flocken gleichzeitig schweben, und ihr Partner muß die „fremde" Wollflocke auffangen.

Förderung: visuell / kreativ / taktil-kinästhetisch / sozial

Das Spür-Genie   3–11 Jahre

Die Kinder sitzen im Kreis. Ein Kind steht als „Spür-Genie" in der Kreismitte und schließt die Augen. Ein zweites Kind berührt sanft das „Spür-Genie" mit seiner Wollflocke. Das „Spür-Genie" sagt und zeigt, wo es die Berührung gespürt hat. Mehrmals wiederholen. Auch der gesamte Spielverlauf wird wiederholt, bis jedes Kind einmal das „Spür-Genie" war.

Variante: – Zwei Kinder berühren das „Spür-Genie" mit ihrer Wollflocke.
Förderung: taktil-kinästhetisch / Konzentration / sozial

Eine Märchengestalt   4 –10 Jahre

Die Kinder legen gemeinsam mit ihren Wollflocken eine Gestalt aus einem bekannten Märchen oder einer Geschichte. Ist das „Kunstwerk" fertig, tippt die Erzieherin ein Kind an. Dieses holt seine Wollflocke aus dem Kunstwerk heraus (oder zeigt darauf). Dies wird wiederholt, bis jedes Kind an der Reihe war.

Förderung: visuell / kreativ / sozial / Gedächtnis

Wollflocken einsammeln   3–10 Jahre

Die Kinder sitzen im Kreis und haben ihr Wollflocke vor sich liegen. Die Erzieherin spielt mit der Zimbel einem Kind einen Klang zu. Daraufhin pustet das Kind seine Flocke in die Kreismitte und legt sie dort in ein Körbchen. Dies wird wiederholt, bis jedes Kind an der Reihe war.

Förderung: visuell / kinästhetisch / auditiv / sozial

3 Rhythmische Wahrnehmungs-spiele mit Instrumenten

„Die Erzeugung des Tones entsteht aus dem bewegten Menschenherzen."
nach der altchinesischen Schrift „Yui Ji" („Über Musik"),
ca. 3. Jh. v. Chr.

„Es gibt nichts, was dem Klang nicht als Medium dienen kann."
Hazrat Inayat Khan (1882–1927)

Das Orffsche Instrumentarium

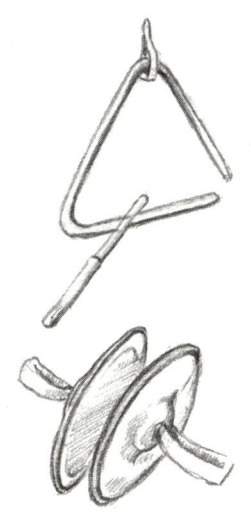

Der Komponist und Musikpädagoge Carl Orff (1895–1982) entwik-kelte in den zwanziger Jahren dieses Jahrhunderts eine elementare Musikpädagogik für Kinder. An der *Günther-Schule* in München, einer Schule für Körper- und Tanzerziehung und Rhythmik, konnte er ab 1924 als musikalischer Leiter seine Ideen entwickeln. Unter-stützt durch den Musikethnologen und Instrumentensammler Curt Sachs und den Instrumentenbauer K. Maendler, entwickelte er die elementaren Instrumente des Orffschen Instrumentariums, die es in ähnlicher Form unter anderem in Afrika und Südamerika gibt. In seiner musikpädagogischen Praxis war es für Carl Orff ausschlag-gebend, dass die Orffschen Instrumente eine unmittelbare Spielbar-keit aus einer spontanen Improvisation zuließen.

Viele Instrumente, die diesen Anforderungen entsprechen, sind im *Kleinen Schlagwerk* von Carl Orff enthalten: Triangel, Becken, Schel-lenbänder, Tambourin, Klanghölzchen, Handtrommeln, Rasseln, Zimbeln, Holzblocktrommeln, Kastagnetten.

Kleine und große Pauken, Kesselpauken und große Trommel ge-hören ebenfalls zum Schlagwerk.

Die *Stabspiele,* wie Glockenspiel, Xylophon, Metallophon in So-pran-, Alt-,Tenor- und Baßstimmung zur Liedbegleitung oder zur Improvisation gehören ebenfalls dazu.

Die Erweiterung durch Röhrenspiele/Chimes aus Metall oder Holz und durch die lateinamerikanischen Trommeln Congas und Bongos kam später hinzu.

Methodisch-didaktische Grundlagen zum Einsatz von Instrumenten

Im elementaren Instrumentalspiel kann jeder – egal ob alt, jung oder gehandicapt durch körperliche, geistige oder seelische Behinderung – Klänge, Geräusche, Melodien und Rhythmen erzeugen. Das Spielen auf elementaren Instrumenten entsteht entweder aus der freien Improvisation und dem experimentellen Spiel oder aus der Begleitung von Sprechrhythmen, Liedrhythmus, Klanggeschichten usw. heraus.

Die *Förderungsebenen* beim Instrumentalspiel:

1. Das *kreative* Umsetzen spontaner und phantasievoller Ideen in Ton, Klang und Geräusch und die damit verbundene *emotionale* Beteiligung (musiktherapeutischer Ansatz).
2. Die *feinmotorische* Umsetzung des Rhythmus' auf das Instrument (Hörwahrnehmung/Motorik und Visumotorik) und aus der Sichtweise der *praktischen* Handhabung (taktil-kinästhetisch).
3. Das *Sozialverhalten* durch das gemeinsame Spiel. Anpassungsfähigkeit und Teamgeist („aufeinander hören") sind gefragt.
4. Das *Erinnerungsvermögen/Gedächtnis* an auditive Abläufe. Gleichzeitig – z.B. bei Klanggeschichten – Konzentration und Reaktionsvermögen („der richtige Einsatz").
5. Ein *differenziertes Hörvermögen* durch die Unterscheidung von hohen und tiefen, lauten und leisen, kurzen und langen Tönen/Klängen/Geräuschen, Charakter, Farbe usw. (Kinder, die ein differenziertes Hörvermögen besitzen, lernen besser lesen und schreiben).

Das *sensomotorische Wechselspiel* von Instrumentalspiel und Bewegung besteht aus folgenden Elementen:

Bewegung	und	*Instrument*
– im Raum		– Rhythmus
– am Platz		– Melodie/Harmonie
		– Geräusch

Im Unterricht sind dies kurzgefaßt die methodischen Aufforderungen
„Bewege, was du hörst."   ↔   „Spiele, was dir einfällt."
„Bewege, was du hören willst." ↔ „Begleite, was du siehst."

3.1 Spiele mit unterschiedlichen Instrumenten

Die in diesem Kapitel vorgestellten Wahrnehmungsspiele können mit
unterschiedlichen Instrumenten ausgeführt werden. Ob es sich um
eine Rassel, Klanghölzchen oder auch Körperklänge wie Patschen,
Stampfen, Schnipsen usw. handelt, ist zweitrangig, da die Umsetzung
von Hörwahrnehmung in Bewegung im Vordergrund steht.

Das Klänge-Verschenk-Spiel   **4–11 Jahre**
Die Kinder stehen im Kreis. Jedes Kind hat ein Instrument in der
Hand. Die Erzieherin beginnt und spielt („verschenkt") mit ihrem Instrument, z. B. einer Triangel, einem beliebigen Kind einen Klang zu.
    Dieses fährt in der gleichen Weise fort, bis jedes Kind an der Reihe
war.
Tip: Es ist günstig, das Spiel zuerst nur mit Instrumenten aus Metall
durchzuführen, da diese eine lange Klangdauer haben. Geeignete Instrumente sind: Triangel, Fingerzimbel, Becken, Metallophon-Klangbausteine, Glockenspiel. Mit Kindern ab dem 6. Lebensjahr ist es
möglich, nur mit Klanghölzchen das Spiel durchzuführen.
Förderung: visuell / auditiv / Konzentration / sozial / taktil-kinästhetisch

Das laute Echo   4–12 Jahre

Jedes Kind hat z. B. ein Paar Klanghölzchen oder verschiedene Instrumente (siehe Einleitung, S. 89). Die Kinder stehen mit ihren Instrumenten im Raum verteilt und haben die Augen geschlossen. Die Erzieherin tippt ein Kind an. Daraufhin spielt dieses einen beliebigen Rhythmus und / oder Klangfolge. Hat es zu Ende gespielt, spielen es die anderen Kinder als Echo nach. Dies wird wiederholt, bis jedes Kind an der Reihe war.

Förderung: auditiv / Konzentration / Raumwahrnehmung / spüren

Die Rhythmus-Kette   5–12 Jahre

Die Kinder stehen im Kreis. Jedes Kind hat ein Instrument in der Hand. Die Erzieherin gibt durch Antippen an der Schulter einem beliebigen Kind den Spieleinsatz. Dieses spielt auf seinem Instrument einen Rhythmus. Hat sich der Rhythmus gefestigt, tippt die Erzieherin das Nachbarkind an. Dieses spielt auf seinem Instrument den Rhythmus des ersten Kindes mit. Dies geht so weiter, bis alle Kinder auf ihren Instrumenten spielen.

Um das Spiel zu beenden, tippt die Erzieherin der Reihe nach die Kinder an. Die angetippten Kinder hören dann auf zu spielen.

Variante: Ein Kind gibt durch Antippen an der Schulter die Spieleinsätze.
Tip: Es ist günstig, das Spiel zuerst nur mit Klanghölzchen durchzuführen, da diese nur eine kurze Klangdauer haben.
Förderung: auditiv / spüren / Konzentration / sozial

Einen Klangteppich weben   5–12 Jahre

Die Kinder sitzen im Kreis und halten beliebige Instrumente in der Hand. Ein Kind beginnt und spielt einen Rhythmus auf seinem Instrument. Dann blinzelt es einem anderen Kind zu, und dieses beginnt ebenfalls auf seinem Instrument zu spielen. Das zweite Kind blinzelt nun einem dritten Kind zu, und sie spielen zu dritt. Dieser Ablauf wird so lange wiederholt, bis alle Kinder mitspielen.

Den Klangteppich auflösen   4–11 Jahre

Spielen alle Kinder, hört ein vorher bestimmtes Kind auf zu spielen und blinzelt einem anderen Kind zu. Auch dieses hört auf zu spielen und blinzelt wiederum einem anderen Kind zu. Dies wird wiederholt, bis alle aufgehört haben zu spielen.

Förderung: visuell / auditiv / Konzentration / taktil-kinästhetisch / sozial

Woher kommt der Klang?   4–11 Jahre

Mehrere Instrumente liegen im Raum verteilt. Die Kinder liegen mit geschlossenen Augen auf dem Boden. Die Erzieherin tippt ein Kind an. Dieses öffnet die Augen, steht auf und holt sich ein beliebiges Instrument (z. B. Triangel, Klanghölzchen, Rassel usw.). Dann sucht es sich leise einen Platz im Raum und spielt auf seinem Instrument. Die anderen Kinder zeigen mit geschlossenen Augen in die Richtung des Klanges. Dies wird wiederholt, bis jedes Kind an der Reihe war.

Förderung: auditiv / Konzentration / Raumwahrnehmung / spüren

Welches Kind spielt?   5–12 Jahre

Jedes Kind hat ein Instrument in der Hand. Die Erzieherin spielt verschiedene Fortbewegungsarten (siehe S. 45 ff.), und die Kinder bewegen sich dazu im Raum. Hört die Musik auf zu spielen, bleiben alle Kinder stehen und schließen die Augen. Dann tippt die Erzieherin ein beliebiges Kind an. Dieses spielt auf seinem Instrument, und die anderen Kinder raten, welches Kind spielt.

Variante
ab 7 Jahren: Es werden unterschiedliche Rasseln oder Klangbausteine an die Kinder verteilt. Durch die Ähnlichkeit des Instrumentenklanges werden höhere Anforderungen an die Hörfähigkeit der Kinder gestellt.

Förderung: auditiv / Konzentration / Raumwahrnehmung / spüren

Der Klang-Dirigent   4–11 Jahre

Die Kinder sitzen oder stehen im Halbkreis und haben beliebige Instrumente in der Hand. Ein Kind stellt sich als Klang-Dirigent vor das „Orchester" und gibt mit Gesten die Spieleinsätze und die Ausführungsart (z. B. lauter oder leiser werden) an.

Der Klang-Dirigent gibt an:
– Laut oder leise spielen (Dynamik) = große oder kleine Gesten
– Lauter oder leiser werden (crescendo / decrescendo) = größer und kleiner werdende Gesten
– Langsam oder schnell spielen (Tempo) = schnelle oder langsame Gesten
– Langsamer oder schneller werden (ritardando / accelerando) = schneller oder langsamer werdende Gesten
– Alleine oder gemeinsam spielen (solo / tutti) = auf ein Kind oder auf alle Kinder zeigen
Rollenwechsel.

Tip: Die Kinder dirigieren z. B. das Regen-, Donner-, Jahreszeiten-, Schnee- oder Tierorchester. Den einzelnen Tieren oder Geschehnissen werden passende Instrumente zugeordnet (z. B. Donner = große Trommel / Pauke; Wind = Glockenspiel).

Förderung: visuell / auditiv / taktil-kinästhetisch / Konzentration / kreativ / sozial

Das Solisten-Spiel   4–12 Jahre

Verschiedene Instrumente liegen in der Raummitte. Die Erzieherin improvisiert auf der Blockflöte oder auf Klangbausteinen zu den Fortbewegungsarten Gehen, Laufen, Hüpfen (siehe S. 46 ff.). Die Kinder bewegen sich dazu. Hört die Musik auf zu spielen, bleiben alle stehen. Ein beliebiges Kind geht als Solist in die Kreismitte und improvisiert auf einem Instrument. Fängt die Erzieherin wieder an zu spielen, legt es sein Instrument zurück, und es bewegen sich wieder alle Kinder.

Varianten: – Spielt ein Kind in der Kreismitte, bleiben die anderen Kinder wie „erstarrt" stehen.
              – Spielt ein Kind in der Kreismitte, bewegen sich die Kinder z. B. paarweise dazu.

– Der Solist kann so lange spielen, wie er will. Hört er auf, fängt die Erzieherin wieder an, die Fortbewegungsarten zu spielen.

Förderung: visuell / auditiv / taktil-kinästhetisch / Konzentration / kreativ / sozial

Der Bewegungs-Dirigent   4–11 Jahre

Die Kinder sitzen oder stehen im Halbkreis und haben beliebige Instrumente in der Hand. Ein Kind stellt sich als „Bewegungs-Dirigent" vor das „Orchester" und gibt mit charakteristischen, pantomimischen Bewegungen und Gesten die Spieleinsätze der einzelnen Instrumental-Gruppen sowie die Ausführungsart (z. B. lauter oder leiser werden) an.

Der „Bewegungs-Dirigent" führt als Beispiel zu folgenden Orchestern Bewegungen aus:

– zum „Tierischen Orchester" (Dschungeltiere, Katz' und Maus, Bremer Stadtmusikanten usw.)
– zum „Wetter-Orchester" (Wind, Regen, Sonne, Donner, Blitz usw.)
– zum „Zwergen-und-Riesen-Orchester"
– zum „Fische-im-Meer-Orchester" (Heringe, Quallen, Delfine, Haie, Wale usw.)
– zum „Uhren-Orchester" (Armbanduhren, Wecker, Standuhren, Turmuhren)

Tip: Es ist günstig, wenn der Dirigent zuerst mit zwei bis drei Bewegungsformen, z. B. bei Dschungeltieren „Elefant" und „Tiger", beginnt.

Förderung: visuell / auditiv / taktil-kinästhetisch / Konzentration / kreativ / sozial

„Bewege, was du hören willst"   5–10 Jahre
und „Begleite, was du siehst"

Die Kinder bilden Paare und suchen sich zu einem Thema (siehe oben) das Instrument Handtrommel oder ein anderes Instrument aus. Dann verteilen sich die Paare im Raum. Ein Kind ist der Instrumentalist. Der andere bewegt sich zum Beispiel mal als Katze und mal als Maus. Der Instrumentalist überträgt die Bewegungen der Tiere auf das Instrument. Rollenwechsel.

Förderung: visuell / auditiv / taktil-kinästhetisch / Konzentration / kreativ / sozial

3.2 Spiele mit Kaxixi / Rassel

Die Kaxixi (sprich: Kaschischi) ist eine aus Afrika stammende geflochtene Rassel, die mit kleinen Steinchen oder Samenkörnern gefüllt ist.

Durch ihre Leichtigkeit und gleichzeitige Stabilität eignet sie sich sehr gut für den Unterricht mit Kindern. Sie kann geworfen werden und ist durch ihre Länge von ca. 20 cm und ihrer griffigen Form auch für kleinere Kinder mit beiden Händen gut aufzufangen.

Wahrnehmungsspiele mit Kaxixis   **4–12 Jahre**
Die Erzieherin spielt auf Metallophon- und Xylophonklangbausteinen (Töne c1, g1, c2) zu den Fortbewegungsarten Gehen, Laufen, Hüpfen (siehe S. 46 ff.). Die Kinder bewegen sich dazu im Raum. Hört die Musik auf zu spielen, bleiben sie stehen und führen folgende Spielvarianten aus:

Varianten: 1. Die Kinder werfen die Kaxixi hoch und fangen sie auf. Dazu sprechen sie beim Auffangen „Hopp – hopp …".
2. Die Kinder bilden rasch Paare und werfen sich gegenseitig die Kaxixis zu. Dazu sprechen sie im Rhythmus des Werfens:
   „Und hopp …" *Mit den Armen zum Wurf ausholen und die Kaxixi dem Partner zuwerfen.*
3. Die Kinder legen die Kaxixi auf den Boden und rollen sie durch den Raum, indem sie sie mit der Nase anstoßen.
4. Die Kinder balancieren die Kaxixi auf dem Kopf und schreiten damit durch den Raum.

Die Spieldurchführung kann nach und nach um je eine Aufgabe erweitert werden:

Hört die Musik auf zu spielen, ruft die Erzieherin für die 1. Aufgabe: „Hopp!", für die 2. Aufgabe: „Und hopp". Für die Aufgabe 3 rollt sie die Kaxixi vor sich auf dem Boden, und für die Aufgabe 4 stellt sie sich die Kaxixi auf den Kopf. Die Kinder reagieren entsprechend.

Tip: Für 4jährige Kinder ist es günstig, zuerst nur zwei Spielvarianten auszuführen.

Förderung: visuell / auditiv / taktil-kinästhetisch / Konzentration / sozial

Das Hipp-Hopp-Hepp Spiel   6–12 Jahre

Die Kinder stehen in einem engen Kreis und haben eine Kaxixi in der rechten Hand. Alle werfen gleichzeitig ihre Kaxixi dem jeweils rechten Nachbarkind zu. Dieser rhythmisch gleichmäßige Verlauf wird ständig wiederholt und dabei die Silbe „Hipp" gesprochen.

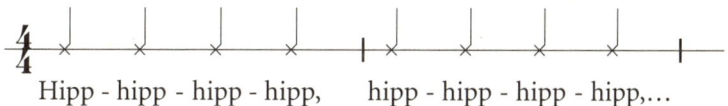

Hipp - hipp - hipp - hipp,   hipp - hipp - hipp - hipp,...

Varianten: – Ruft ein Kind die Silbe „Hopp" in den Kreis, werfen alle zur linken Seite.
            – Ruft ein Kind die Silbe „Hepp" in den Kreis, wirft jedes Kind seine Kaxixi einmal hoch und fängt sie wieder auf. Dann geht es in der vorher ausgeführten Richtung weiter.
            – Die Erzieherin spielt auf der Blockflöte oder dem Xylophon zu den Fortbewegungsarten Gehen, Laufen, Hüpfen (siehe S. 46 ff.). Die Kinder bewegen sich dazu im Raum. Hört die Musik auf zu spielen, bilden sie rasch einen Kreis und führen das Spiel mit den Kaxixis durch.

Tip: Mit folgenden Instrumenten und Materialien kann dieses Spiel ebenfalls durchgeführt werden:
      – mit Nylontüchern (dabei verlangsamt sich das Grundtempo)
      – mit Tennisbällen (dabei wird eine größere Geschicklichkeit des Werfens und Fangens gefördert)
      – mit Schaumstoffbällen (Durchmesser: 16 cm); sie sind griffiger und können besser aufgefangen werden
      – mit Koosh-Bällen
      – mit Chicken Shake (Plastikrasseln in Ei-Form)

Förderung: visuell / auditiv / taktil-kinästhetisch / Konzentration / sozial

3.3 Spiele mit afrikanischen Wörtern und Instrumenten

6–12 Jahre

Die Kinder stehen im Raum verteilt. Die Erzieherin spricht die afrikanischen Wörter (kisuaheli) und bewegt sich dazu auf die beschriebene Weise. Die Kinder ahmen nach:

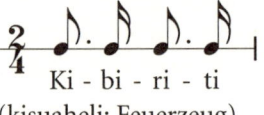

Ki - bi - ri - ti
(kisuaheli: Feuerzeug)

Durch den Raum hüpfen.

Ha - ra - ka
(kisuaheli: schnell)

Durch den Raum rennen.

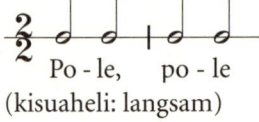

Po - le,   po - le
(kisuaheli: langsam)

Durch den Raum schreiten.

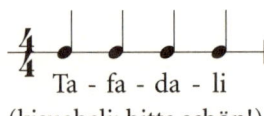

Ta - fa - da - li
(kisuaheli: bitte schön!)

Durch den Raum gehen.

Instrumente: Auf vier Kinder sind Instrumente für die folgenden Wörter verteilt:
– Kaxixi (oder Rassel) für das Wort „Kibiriti"
– eine afrikanische Eisen- oder Kuhglocke für das Wort „Haraka"
– ein Becken für das Wort „Pole-pole"
– eine große oder eine afrikanische Trommel (Djembe) für das Wort „Tafadali".

Ein fünftes Kind gibt durch Antippen der Schulter die Spieleinsätze.
1mal antippen: *anfangen zu spielen*
2mal antippen: *aufhören zu spielen*

Ausführung: Die Instrumentalisten reagieren auf das Antippen und spielen immer alleine. Die anderen Kinder führen dazu folgende Bewegungen aus:

„Kibiriti" (Kaxixi im Hüpfrhythmus spielen)   *Durch den Raum hüpfen.*

„Haraka" (Mit Eisenglocke im Lauftempo rasch spielen [Triolen])   *Durch den Raum rennen.*

„Pole-pole" (Becken langsam anschlagen)   *Durch den Raum schreiten.*

„Tafadali" (Trommel im Gehtempo)   *Durch den Raum gehen.*

Tip: Je nach Alter der Kinder und Gruppengröße kann die Anzahl der Instrumentalisten verringert werden.

Spiel mit afrikanischen Wörtern, Instrumenten und einem Bewegungsdirigent

Die Kinder stehen in vier Gruppen (Kibiriti-, Haraka-, Pole-pole- und Tafadali-Gruppen) im Halbkreis. Ein Kind tritt als „Dirigent" vor das „Orchester" und gibt den jeweiligen Gruppen die Spieleinsätze. Die Kinder reagieren mit folgenden Bewegungen und sprechen ihr jeweiliges Wort dazu.

Der Dirigent zeigt an:	Die „Orchestergruppen" sprechen:
Durch den Raum hüpfen.	„Kibiriti"
Durch den Raum rennen.	„Haraka"
Durch den Raum schreiten.	„Pole-pole"
Durch den Raum gehen.	„Tafadali"

Spiel mit afrikanischen Wörtern, Instrumenten und einem Orchester

Die Kinder stehen in vier Gruppen (Kibiriti-, Haraka-, Pole-pole- und Tafadali-Gruppen) im Halbkreis. Die erste Gruppe hat Kaxixis/ Rasseln, die zweite Eisen- oder Kuhglocke, die dritte Becken und die vierte Gruppe Handtrommeln. Ein Kind tritt als „Dirigent" vor das „Orchester" und gibt den jeweiligen Gruppen die Spieleinsätze. Der Dirigent gibt mit Gesten und durch das Sprechen der Rhythmussilben den Einsatz der jeweiligen Gruppen an. Rollenwechsel.

Tip: Dieses Wahrnehmungsspiel kann durch das Weglassen von Wörtern / Rhythmussilben vereinfacht werden. Zum Beispiel:
- Kinder ab 3 Jahren und für geistig behinderte Kinder: Rhythmussilben „Pole-pole" und „Tafa-dali".
- Kinder ab 5 Jahren: Rhythmussilben „Pole-pole", „Tafa-dali" und „Kibiriti".
- Kinder ab 7 Jahren können mit allen vier Rhythmussilben spielen.

Förderung: visuell / auditiv / taktil-kinästhetisch / fein- und grobmotorisch / Konzentration / sozial

3.4 Spiele mit der Handtrommel

Handtrommeln austeilen 4–10 Jahre

Die Kinder sitzen mit geschlossenen Augen im Kreis. Die Erzieherin legt für jedes Kind eine Handtrommel leise in der Kreismitte ab. Dann spielt sie Geräusche (kratzen, streichen, tippen auf dem Fell, die Handtrommel drehen). Die Kinder raten, um welches Instrument es sich handelt. Dann öffnen die Kinder die Augen. Die Erzieherin zwinkert einem Kind zu. Daraufhin holt sich das Kind eine Handtrommel aus der Kreismitte. Das Zuzwinkern wiederholen, bis jedes Kind eine Handtrommel hat.

Förderung: auditiv / kreativ / Konzentration / visuell

Die Rückenklopfer 4–12 Jahre

Die Kinder bilden Paare und suchen sich einen Platz im Raum. Sie setzen sich hintereinander. Das vordere Kind hat eine Handtrommel vor sich liegen und schließt die Augen. Das dahintersitzende Kind klopft, streicht, schlägt, kratzt, tippt auf den Rücken des vorderen Kindes einen Rhythmus und/oder eine Bewegungsfolge. Dieses klopft, streicht, schlägt, kratzt und tippt den Rhythmus und/oder die Bewegungsfolgen auf dem Fell der Handtrommel nach. Mehrmals wiederholen, dann Rollentausch.

Tip: Das klopfende Kind spielt in kurzen Rhythmen und Bewegungsfolgen, so daß das vordere Kind alles gut spüren und sich merken kann.

Förderung: spüren / tasten / kreativ / sozial / Konzentration / Körperwahrnehmung / visuelles Gedächtnis

Die drehende, sich rollende Trommel   3–10 Jahre

Die Kinder sitzen im Kreis. Ein Kind hat eine Handtrommel vor sich liegen. Es dreht hochkant die Handtrommel am Platz, und alle lauschen, wie die Handtrommel langsam auf dem Boden zu liegen kommt. Dann rollt das Kind einem anderen die Handtrommel hochkant zu. Dieses darf nun die Handtrommel drehen. Wiederholen, bis jedes Kind an der Reihe war.

Förderung: auditiv / visuell / feinmotorisch / sozial

Die Drehtrommel   3–10 Jahre

Die Kinder stehen im Raum verteilt und haben jeweils eine Handtrommel. Auf ein Signal mit der Zimbel drehen alle gleichzeitig ihre Handtrommel (hochkant). Dann laufen sie so lange um ihre „Drehtrommel" herum, bis diese still auf dem Boden liegt. Mehrmals wiederholen.

Förderung: auditiv / feinmotorisch / visuell / Konzentration

Der Trommelhut   3–10 Jahre

Die Kinder stehen im Raum verteilt und haben ihre Handtrommel als Hut auf dem Kopf. Die Erzieherin spielt auf der Blockflöte oder dem Xylophon zu den Fortbewegungsarten Gehen und Schreiten (siehe S. 46 ff.). Die Kinder gehen dazu im Raum und balancieren die Handtrommel auf dem Kopf.

Förderung: visuell / auditiv / taktil-kinästhetisch / Gleichgewicht / Konzentration

Was die Trommel alles kann   4–10 Jahre

Die Kinder stehen im Raum verteilt und legen ihre Handtrommel vor sich auf den Boden. Die Erzieherin spielt auf der Blockflöte oder dem Xylophon zur den Fortbewegungsarten Gehen, Laufen, Hüpfen, Galoppieren (siehe S. 46 ff.), und die Kinder bewegen sich im Raum dazu.

Varianten:
- Hört die Musik auf zu spielen, laufen alle zur eigenen Trommel zurück.
- Spielt die Erzieherin einen hohen Triller auf der Blockflöte oder dem Xylophon, laufen die Kinder zur Trommel und führen ein Fingertremolo auf der Handtrommel aus.
- Spielt die Erzieherin einen tiefen Triller auf der Blockflöte oder dem Xylophon, laufen die Kinder zur Trommel und experimentieren mit ihr (kratzen, wischen, streichen).

Tip: Weitere Ausführungsideen der Kinder werden aufgenommen.

Förderung: visuell / auditiv / taktil-kinästhetisch / feinmotorisch / Konzentration / sozial

Der bockige Esel   5–10 Jahre

Die Erzieherin spielt auf der Handtrommel die Fortbewegungsarten Gehen (Schritt), Trab (Laufen) und Galopp (siehe S. 46 ff.). Die Kinder bewegen sich dazu. Hört die Musik auf zu spielen, bleiben die „Esel" stehen und warten auf einen Zuruf der Erzieherin, zu dem sie immer das Gegenteil ausführen. Ruft die Erzieherin z. B.: „Laut!", sprechen die Esel leise: „Iaah, iaah, iaah." Ruft die Erzieherin: „Langsam!", laufen die Kinder schnell durch den Raum usw.

Erzieherin: „Laut!"	– Die Kinder sprechen leise „Iaah, iaah."
„Leise!"	– Die Kinder rufen laut „Iaah, iaah."
„Langsam!"	– Die Kinder laufen schnell durch den Raum.
„Schnell!"	– Die Kinder schreiten langsam durch den Raum.
„Rechts!" (ab dem 7. Lebensjahr)	– Die Kinder gehen nur nach links.
„Links!"	– Die Kinder gehen nur nach rechts.

Förderung: auditiv / visuell / kinästhetisch / Gedächtnis / kreativ

Angewurzelt sein   4–10 Jahre

Die Erzieherin spielt auf der Handtrommmel die Fortbewegungsarten Gehen (Schritt), Trab (Laufen) und Galopp (siehe S. 46 ff.). Die Kinder bewegen sich dazu. Hört die Musik auf zu spielen, bleiben die Kinder (Esel) wie angewurzelt stehen. Dann versucht die Erzieherin, einige Kinder von ihrem Platz zu schieben (nur so stark, daß das Kind stehenbleiben kann). Mehrmals wiederholen.

Variante: Ein Kind versucht, die Esel vom Platz zu schieben.
Förderung: auditiv / visuell / Körperspannung / taktil-kinästhetisch / sozial

„Die Katze kommt !"   3–9 Jahre

Ein Kind als Instrumentalist spielt auf der Handtrommel das Trippeln der Mäuse. Die anderen Kinder laufen als „Mäuse" durch den Raum. Kratzt der Instrumentalist auf dem Fell der Handtrommel, heißt das „Die Katze kommt!", und alle „Mäuse" laufen rasch in das Mäusehaus (Sitzkreis). Rollentausch.

Förderung: auditiv / visuell / taktil-kinästhetisch / Konzentration / kreativ

Mäuse fangen   3–9 Jahre

Die Kinder laufen als „Mäuse" im Raum umher. Die Erzieherin spielt auf der Handtrommel zum Laufen der „Mäuse". Ein Kind sitzt als „Katze" in einer Ecke. Endet das Trommelspiel, fängt sich die „Katze" eine „Maus". Ein abgeklatschtes Kind spielt dann die „Katze".

Förderung: visuell / auditiv / taktil-kinästhetisch / Konzentration / Reaktion

Im Herbstwind 4–10 Jahre

Die Kinder stehen im Raum verteilt. Drei Kinder sind Instrumentalisten. Zwei Kinder haben eine Handtrommel, ein drittes eine Rührtrommel. Das vierte Kind gibt durch Antippen der Schulter den Instrumentalisten die Spieleinsätze.

1mal antippen: *anfangen zu spielen*

2mal antippen: *aufhören zu spielen*

Die Instrumentalisten reagieren auf das Antippen und spielen immer alleine. Die anderen Kinder führen dazu folgende Bewegungen aus:

Auf der Handtrommel reiben	Wind	*Am Platz stehen und sich „im Wind" sanft hin und her bewegen.*
Fingertremolo auf der Handtrommel	Regen	*Sich zu zweit gegenseitig mit Fingertremolos auf Kopf und Schulter klopfen.*
Rührtrommel	Drachen	*Schnell durch den Raum laufen.*

Varianten:
– Die Kinder sind in Regen-, Wind-, und Drachengruppen eingeteilt. Sie bewegen sich nur, wenn das entsprechende Instrument gespielt wird.
– Klanghölzchen sind an die Regenkinder, Kreppapierbänder an die Drachenkinder und Nylontücher an die Windkinder verteilt. Hören sie die zugeordneten Instrumente, bewegen und spielen sie mit den entsprechenden Spielutensilien und Instrumenten. Rollenwechsel.

Förderung: visuell / auditiv / taktil-kinästhetisch / Konzentration / Reaktion / sozial

Handtrommel einsammeln 4–10 Jahre

Die Kinder stehen mit geschlossenen Augen im Kreis. Die Erzieherin streicht einem Kind über den Rücken. Daraufhin öffnet dieses seine Augen und legt seine Handtrommel in der Kreismitte ab. Dies wird wiederholt, bis jedes Kind an der Reihe war.

Förderung: spüren / Konzentration

3.5 Spiele mit Klanghölzchen

Klanghölzchen austeilen   3–9 Jahre

Die Kinder sitzen im Kreis. In der Kreismitte liegt für jedes Kind ein Paar Klanghölzchen. Die Erzieherin klopft den Namensrhythmus eines Kindes. Alle Kinder raten. Ist der Name geraten, darf sich das betreffende Kind die Klanghölzchen aus der Kreismitte holen. Das wird so lange gemacht, bis jedes Kind ein Paar Klanghölzchen hat.

Förderung: auditiv / kreativ / Konzentration / sozial

Klopf-Post   4–10 Jahre

Die Kinder sitzen im Kreis hintereinander und haben jeweils ein Paar Klanghölzchen in der Hand. Ein Kind beginnt und klopft dem vor ihm sitzenden Kind einen Rhythmus auf den Rücken. Dieser Rhythmus wird auf den Rücken des nächsten Kindes geklopft. Das wird so lange gemacht, bis die „Klopf-Post" beim Absender wieder angekommen ist und dieser es mit der „Klopf-Eingabe" verglichen hat. Das gesamte Spiel wird wiederholt, bis jedes Kind mit seiner „Klopf-Post" an der Reihe war.

Tip: Die Kinder haben so lange die Augen geschlossen, bis sie den gespürten Klopfrhythmus an das vor ihnen sitzende Kind weitergeben.

Förderung: spüren / tasten / kreativ / sozial / Konzentration / Gedächtnis

Klanghölzchen einsammeln   4–10 Jahre

Die Erzieherin legt eine Handtrommel in die Raummitte. Die Kinder stehen mit geschlossenen Augen im Raum. Die Erzieherin streicht einem Kind mit einem Klanghölzchen über den Rücken. Dieses öffnet daraufhin seine Augen, legt seine Klanghölzchen in die Handtrommel und setzt sich anschließend in den Sitzkreis. Dies wird wiederholt, bis jedes Kind an der Reihe war.

Förderung: spüren / tasten / Konzentration / sozial

3.6 Spiele mit Klangbausteinen (Stabspiele)

(Weitere Spiele mit den Klangbausteinen, siehe unter „Fortbewegungsarten" S. 45 ff.)

Das Kinder-Xylophon   4–10 Jahre

Die Kinder sitzen auf dem Boden nebeneinander und haben jeweils einen Xylophon- oder Metallophonklangbaustein (z. B. Töne aus der C-Dur Tonleiter oder Dreiklang c1, c2, e1, e2, g1, g2) mit Schlägel vor sich stehen. Die Erzieherin gibt durch Antippen mit dem Schlägel die Spieleinsätze:

1mal antippen: *anfangen zu spielen*

2mal antippen: *aufhören zu spielen*

Die Instrumentalisten spielen immer alleine.

Varianten: – Ein Kind gibt den Einsatz.

                        – Mehrere Töne werden gleichzeitig gespielt.

                        – Erfinden einer „Kinderphon"-Melodie.

Förderung: auditiv / spüren / tasten / visuell / feinmotorisch / Konzentration / sozial

Verzaubert   4–9 Jahre

Ein Kind als Zauberer spielt auf dem Metallophon eine „Zaubermelodie". Die Kinder bewegen sich dazu. Hört die Musik auf zu spielen, bleiben die Kinder stehen und werden vom „Zauberer" mit einem Zauberspruch verzaubert, z. B.: „Abrakadabra – jetzt seid ihr alle Löwen!" Daraufhin bewegen sich die Kinder als Löwen durch den Raum. Spielt die Erzieherin ein Signal auf dem Becken, sind alle „Löwen" wieder Kinder. Mehrmals, mit einem anderen Zauberer, wiederholen.

Förderung: auditiv / visuell / kinästhetisch / kreativ / Konzentration

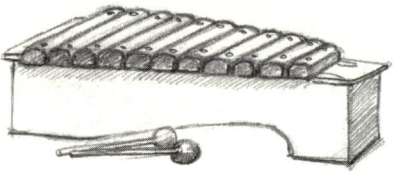

Im Nebel   5–11 Jahre
Die Erzieherin spielt auf der Blockflöte oder auf dem Xylophon die
Fortbewegungsarten Laufen und Hüpfen (siehe S. 51 ff.). Ertönt das
Metallophon (Nebel), bewegen sich die Kinder wie in Zeitlupe durch
den „Nebel".

Variante: Ein Kind spielt die „Nebelmusik".
Förderung: auditiv / visuell / kinästhetisch / Konzentration / Reaktion

Fische im Meer   4–8 Jahre
Ein Kind als Instrumentalist spielt auf dem Glockenspiel und dem
Metallophon Glissandi. Es spielt laut und leise, schnell und langsam.
Die anderen Kinder sind verschiedene Meerestiere und bewegen sich
zur „Meeresmusik". Rollenwechsel.

Förderung: auditiv / visuell / feinmotorisch / kinästhetisch / kreativ

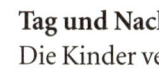

Tag und Nacht   4–11 Jahre
Die Kinder verteilen sich im Raum. Hören die Kinder die „Tagmusik",
hüpfen und tanzen sie durch den Raum. Erklingt die „Nachtmusik",
bilden sie rasch Paare, nehmen sich an den Händen und wiegen sich
am Platz. Mehrmals wiederholen.

   Die Erzieherin improvisiert auf dem Metallophon die „Tagmusik"
(Dur-Tonart, ¼ Takt lebendig, lustig) und die „Nachtmusik" (Moll-
Tonart, ⅚ Takt, wiegend).

Förderung: auditiv / visuell / kinästhetisch / Konzentration / Reaktion / sozial

3.7 Spiele mit Becken / Zimbel

Spaziergang am Bach   4–9 Jahre

Die Erzieherin spielt auf der Blockflöte oder dem Xylophon zur Fortbewegungsart Gehen, Laufen, Hüpfen (siehe S. 46 ff.). Die Kinder bewegen sich dazu. Ein Kind hat ein Paar Fingerzimbeln. Hört die Musik auf, bleiben alle stehen. Dann spielt das Kind leise „Bach-Klänge" auf der Fingerzimbel, und alle lauschen. Nach seinem Spiel gibt es das Instrument an ein anderes Kind weiter. Den Ablauf mehrmals wiederholen.

Förderung: visuell / auditiv / kinästhetisch / sozial / kreativ

Tanz im Mondenschein   4–9 Jahre

Drei Kinder sind Instrumentalisten und spielen ein großes Becken, ein kleines Becken und eine Fingerzimbel (oder Glockenspiel). Gemeinsam improvisieren sie „Mondmusik". Die Kinder bilden Paare und bewegen sich entsprechend dazu. Rollentausch.

Förderung: visuell / auditiv / taktil-kinästhetisch / Konzentration

Der müde Riese   4–9 Jahre

Die Erzieherin spielt im Gehtempo auf dem großen Becken. Die Kinder stampfen als „Riesen" dazu im Raum. Wenn die Beckenschläge langsamer werden, werden die „Riesen" schläfrig und legen sich auf den Boden, um zu schlafen. Ertönt erneut das Becken im Gehtempo, stehen sie auf und stampfen wieder als „Riesen" durch den Raum.

Förderung: auditiv / visuell / kinästhetisch / Konzentration / Reaktion

Woher kommt der Tropfenklang?   4–10 Jahre

Die Kinder stehen im Kreis. Fingerzimbeln, kleines Becken und große Becken sind an die Kinder verteilt. Ein Kind steht mit geschlossenen Augen in der Kreismitte. Die Erzieherin zwinkert jeweils einem Kind zu, woraufhin dieses sein Instrument anspielt. Das Kind in der Mitte zeigt in die Richtung, aus der der Klang kommt. Mehrmals wiederholen, dann Rollenwechsel.

Förderung: auditiv / visuell / Konzentration / Raumwahrnehmung / sozial

Traummusik 5–10 Jahre

Ein Kind improvisiert auf einem Becken, einem Glockenspiel oder der Triangel eine „Traummusik". Die anderen Kinder bewegen sich im Raum dazu. Ist die Traummusik zu Ende, schließen die Kinder die Augen und bleiben stehen. Daraufhin tippt das Kind ein anderes Kind an. Dieses öffnet die Augen, nimmt das Instrument und spielt seine Traummusik. Dies wird wiederholt, bis jedes Kind an der Reihe war.

Förderung: auditiv / visuell / taktil-kinästhetisch / kreativ / sozial / Konzentration

Zaubermusik 5–11 Jahre

Die Kinder sitzen mit geschlossenen Augen im Kreis und haben ihre Instrumente (Becken, Zimbeln, Triangel, Glockenspiel) vor sich liegen. Werden sie von der Erzieherin angetippt, öffnen sie die Augen und spielen ihre „Zaubermusik" auf dem Instrument. Werden sie zum zweiten Mal angetippt, hören sie auf zu spielen und schließen wieder die Augen.

Varianten: – Es spielen mehrere Kinder gleichzeitig.
– Ein Kind gibt durch Antippen die Spieleinsätze.
– Instrumententausch.

Förderung: spüren / tasten / auditiv / sozial / kreativ / Konzentration

4 Rhythmische Wahrnehmungs-
spiele mit Reimen

*„Die Stimme besitzt all den Magnetismus, der dem Instru-
ment fehlt; denn die Stimme ist das ideale Instrument der
Natur, dem alle anderen Instrumente, die es auf der Welt
gibt, nachgebildet sind."*

Hazrat Inayat Khan (1882–1927)

Die Stimme ist unser ureigenstes Instrument. Durch Klangfarbe,
Stimmhöhe, Sprachmelodie und Sprechrhythmus können wir viel
vom seelischen Zustand eines Menschen wahrnehmen. Außerdem ist
die Stimme ein untrügliches Erkennungszeichen unserer Persönlichkeit.

Mit der Stimme ist die *charakteristische Ausdrucksgebärde* [13] oder
auch Gestik und die Mimik des Gesichtes untrennbar verbunden. Vor
allem Kindern stehen die Gefühle ins „Gesicht geschrieben". Freude
und Ekel, Staunen und Abwehr sind mit dem damit verbundenen
sprachlichen Ausdruck die effektivste Art, uns anderen mitzuteilen.
Hat jemand eine starre Mimik, hat er höchstwahrscheinlich auch eine
monotone Stimme und möchte seine „Gefühle nicht auf der Zunge
tragen".

Schon für das Ungeborene ist die *Stimme der Mutter* hörbar. Diese
vorgeburtlich wahrgenommene Stimme wird bei der Horch-Therapie nach Tomatis bei psychosomatischen Hörblockaden eingesetzt
(die Originalstimme der Mutter wird gedämpft, leicht verzerrt und
mit vielen Obertönen verfremdet). Dies zeigt uns die existenzielle Bedeutung von vertrauten und beruhigenden Stimmen für ein Kind.

Interessanterweise haben Sprachforscher durch den Vergleich von
Kultursprachen herausgefunden, „(...) *daß bestimmte Urlaute die
Grundlage für die Bezeichung von Tätigkeiten bilden. Diese Urlaute*

---

[13] nach: Der kleine Hey – Die Kunst des Sprechens, Mainz 1997

müssen im Zusammenhang mit entsprechenden Emotionen und Körpergesten verbunden sein. Man stelle sich einen früheren Menschen vor, der mit einem primitiven Hackgerät (…) den Boden aufhackt; dazu stößt er imitatorische Laute aus: ‚ak… ak…'. Diese Lautbildung aus der Bewegung führte (…) zu den Worten: Hacke, Acker, Egge, Aggression."[14]

Der Zusammenhang zwischen Sprache, Bewegung und Nachahmung

„Woher kommt die Sprache? – Sprache entsteht einerseits aus dem aktiven Zusammenarbeiten von verschiedenen Gehirnzentren, andererseits wächst sie aus der Bewegung, die aus dem Innersten des Menschen kommt, der Atmung."[15]

Das Sprechen ist ein sehr komplizierter Vorgang, weil verschiedene Körperfunktionen daran beteiligt sind: Gehör, Gehirnfunktionen, Atmung, Stimme, „Sprechwerkzeuge" wie Gaumensegel, Zunge, Zähne und Lippen. Interessant ist die parallele Entwicklung der Motorik der Hände und Finger und der Beweglichkeit der „Sprechwerkzeuge". Das Bewegungszentrum der Hände und der Sprechwerkzeuge liegen im Gehirn neben dem Sprachzentrum. Somit wird die Sprachentwicklung durch Finger- und Handgestenspiele sehr gefördert.

Vielleicht ist dadurch die große Begeisterung und elementare Faszination von Kleinkindern und Kindergartenkindern bis hin zu den ersten beiden Schuljahren zu erklären, wenn mit ihnen Verse und Reime mit Bewegungen in Klein- und Grobmotorik gespielt werden. Denn vom Säugling bis zum Kindergartenkind reagieren sie auf rhythmische Kniereiter und Fingerspiele mit augenblicklicher positiver Aufmerksamkeit. Als Eltern und Erzieherin bekommt man den Eindruck, daß die Kleinen diese Spiele regelrecht „aufsaugen" („Noch mal!"). Stimme und Berührungen beruhigen die Kinder und lassen sie das Gehörte samt den Bewegungen nachahmen.

---

[14] Schärli, Otto: „Werkstatt des Lebens – durch die Sinne zum Sinn", Aarau / Schweiz 1995, S.127.
[15] Krimm-von Fischer, C.: „Rhythmik und Sprachanbahnung", Heidelberg 1990, S. 53.

Solange die kognitiven Fähigkeiten noch nicht ausgereift sind, lernen die Kinder über die Nachahmung. Deshalb ist die *Wiederholung* für die Entwicklung der Kinder von großer Wichtigkeit. Nur im vertrauten Rahmen des schon Gehörten, Gesehenen und Nachgeahmten, entwickeln die Kinder ihre Fähigkeiten ungestört. *„Lernen durch Nachahmung können die Kinder nur, wenn sich die Erzieherin nicht dem Zwang unterwirft, ständig etwas Neues bieten zu müssen. Denn durch ein Thema, daß über eine längere Zeit durchgeführt wird, tauchen die Kinder besser in die Inhalte ein, verinnerlichen und festigen diese durch die Wiederholung und Nachahmung. Deshalb ist es vorteilhafter, z. B. ein Lied oder einen Reim zu wiederholen und zusätzliche Ausführungsmöglichkeiten (z. B. Reim / Lied als Handgestenspiel, als Tanz, mit Instrumenten, mit Material …) anzubieten."* [16]

Durch die Verse / Reime und Lieder wird den Kindern spielerisch und kreativ ihre Umwelt auf einer *kindgerechten Gefühlsebene* vermittelt. Diese Kombinationen von Bewegungen und Versen / Reimen / Liedern ist in diesem Alter die umfassendste und ganzheitlichste Förderung für das Kind.

Sprachliche Förderung durch rhythmisch-musikalische Erziehung

Das Aufgabenangebot der rhythmisch-musikalischen Erziehung wirkt ausgesprochen fördernd auf die sprachliche Entwicklung der Kinder. Störungen wie dem Stammeln, Lispeln, Näseln, Poltern, Stottern und dem Dysgrammatismus werden durch rhythmische Spielformen entgegengewirkt. Rhythmische Verse und Reime, sensomotorische Wahrnehmungsspiele (auditiv, visuell, taktil-kinästhetisch) und die daraus resultierende Wahrnehmungs- und Intelligenzförderung stellen eine umfassende Förderung der Sprache dar, die grundlegend an die Motorik gekoppelt ist. Die Lust am Sprechen wird durch Finger- und Handgestenspiele spielerisch geweckt, und die „Sprechwerkzeuge" werden trainiert. In rhythmischen Versen und Reimen wird

---

[16] Hirler, Sabine: „Kinder brauchen Musik, Spiel und Tanz", Münster 1998, S. 15.

der in der Sprache enthaltene Takt und Rhythmus in kleine und große Bewegungen umgesetzt. Rhythmus und Takt geben eine Struktur vor, an der sich die Kinder leichter orientieren und „festhalten" können. Dadurch gewinnen sie leichteren Zugang zur Sprache und fühlen sich z. B. im gleichbleibenden Sprachrhythmus ausgesprochen wohl und sicher.

Wie schon erwähnt, sind Motorik, Sprache und Sinneswahrnehmung voneinander abhängig. Deshalb ist es eine wichtige Aufgabe der Erzieherinnen, ihre Stimme in Form von Finger- und Handgestenspielen sowie Reime und Lieder im *Kindergartenalltag* einzusetzen und die Kinder dadurch im sprachlichen und motorischen Bereich zu fördern. Können fünfjährige Kinder nicht besonders gut feinmotorische Bewegungen zu Finger- und Handgestenspielen ausführen, werden sie in der Regel auch nicht besonders gut sprechen können.

4.1 Thematische Sprach- und Rhythmusspiele

4–12 Jahre

Sprach- und Rhythmusspiele werden mit beliebigen Wörtern und Kurzsätzen durchgeführt, die von der Erzieherin oder den Kindern vorgeschlagen werden. Diese können in Bezug zu einem bestimmten Thema stehen. Zum Beispiel:

1. Thema: Zeit

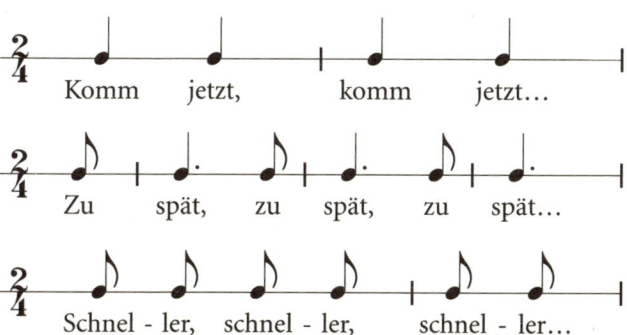

2. Thema: Kälte

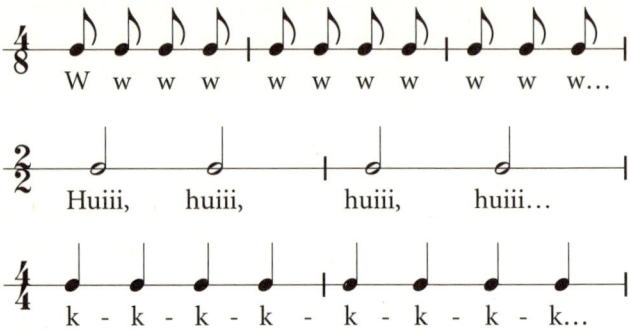

3. Thema: Bauernhof

Sprachspiel mit Dirigent

Die Kinder stehen im Halbkreis und werden z. B. zu jedem Wort/
Tierlaut/Kurzssatz in Sprechgruppen eingeteilt. Ein Kind als „Diri-
gent" tritt beispielsweise vor das „Tier-Orchester" und gibt mit Ge-
sten die Sprecheinsätze und die Ausführungsform (siehe auch S. 92
„Der Klang-Dirigent") der jeweiligen Gruppen an:
– Laut oder leise (Dynamik)

– Lauter oder leiser sprechen (crescendo / decrescendo)
– Langsam oder schnell sprechen (Tempo)
– Langsamer oder schneller sprechen (ritardando / accelerando)
– Alleine oder gemeinsam sprechen (solo / tutti)
Rollenwechsel.

Sprachspiel mit Bewegungs-Dirigent
Die Kinder stehen im Halbkreis und bilden drei oder vier Gruppen zu
jedem Wort / Tierlaut / Kurzsatz. Ein Kind tritt als „Bewegungs-Dirigent" zum Beispiel vor das „Tier-Orchester" und gibt mit charakteristischen, pantomimischen Bewegungen und Gesten die Sprecheinsätze der jeweiligen Gruppen an.

Die Sprechgruppen reagieren entsprechend. Beispiel:

Bewegungs-Dirigent:	Sprechgruppen:
Gemächlich auf allen vieren gehen.	Muh – muh – muh
Auf allen vieren rasch durch den Raum laufen.	Mäh – mäh – mäh
Hände seitlich als Eselsohren an den Kopf,	I-i-i-a-h, i-i-i-a-h
dabei durch den Raum galoppieren.	
Als stolzer Hahn durch den Raum stolzieren.	Kikeriki, kikeriki

Varianten: – Fische (kleine Fische, Wal, Hai und andere Meeresbewohner wie
Krabben, Quallen, Tintenfische usw.)
– Vögel (kleine Vögel, Raben, Adler, der Storch klappert mit dem
Schnabel usw.)
– Stimmungen (fröhlich, traurig, wütend usw.)

Förderung: visuell / Sprache / taktil-kinästhetisch / sozial / Kreativität / Gedächtnis /
Konzentration / Reaktion / auditiv

4.2 Reim: „Das Dromedar aus InSalah" 4–9 Jahre

1. Reim in Grobmotorik

Die Kinder stehen als „Dromedare" im Raum verteilt. Sie sprechen den Reim und führen dazu folgende Bewegungen aus:

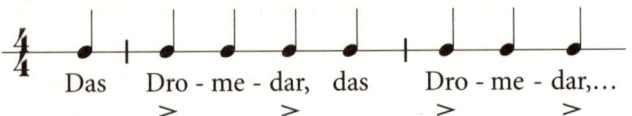

Das   Dro - me - dar,   das   Dro - me - dar,...

> = jeweils einen Schritt machen. Dabei die Füße flach auf den Boden setzen.

Das Dromedar, das Dromedar,
stapft durch die Wüste InSalah.

Langsam und wiegend durch den Raum stapfen.

Das Dromedar, das Dromedar,
trägt Wasser, ach, wie wunderbar,
in seinem Höcker mit sich rum.
Ein Dromedar, das ist nicht dumm.

Das Dromedar, das Dromedar,
stapft durch die Wüste InSalah.
In der Oase Lallemand,
gibt es viel mehr als heißen Sand.

Denn unter großen, grünen Palmen,
wächst grünes Gras mit langen Halmen.
In der Mitte ist ein Teich,
umringt von Gras, so grün und weich.
Die großen Palmen werfen Schatten,
das Dromedar wird lange rasten.

Sich gemächlich auf allen vieren zu Boden sinken lassen.

Förderung: visuell / auditiv / Sprache / taktil-kinästhetisch / Gedächtnis / Konzentration / Raumwahrnehmung

2. Reim als „Wüsten-Karawane" mit Material:
Seile und Sandsäckchen

Die Kinder bekommen jeweils ein Seil und bilden mit ihnen eine „Wüsten-Karawane":

Sie stellen sich hintereinander auf und legen sich die Seile um den Hals. Das jeweils dahinterstehende Kind zieht die Seilenden unter den Achseln hindurch nach hinten und hält so das „Geschirr" des vor ihm stehenden „Dromedars" in der Hand. Ein Kind spielt den „Karawanen-Führer" und verteilt das „Gepäck" (Sandsäckchen) auf die Schultern der „Dromedare". Dann sprechen alle Kinder den Reim und bewegen sich als „Wüsten-Karawane" durch den Raum. Der „Karawanen-Führer" legt heruntergefallene Sandsäckchen wieder auf die „Dromedare" zurück.

Variante: Die Kinder bilden Paare. Ein Kind ist das Dromedar und das andere der „Führer". Spielausführung wie beschrieben.

Förderung: visuell / auditiv / Sprache / taktil-kinästhetisch / Gedächtnis / Konzentration / Raumwahrnehmung / Gleichgewicht / sozial

3. Reim mit Instrumenten

Die Kinder sitzen im Kreis. Becken, Zimbeln, Metallophon-Klangbausteine (z. B. Töne c1, e1, g1), Triangel, Schellenkranz sind an sie ausgeteilt. Die Kinder sprechen die Verse und begleiten sich dazu mit den Instrumenten im gemächlichen Tempo des Sprechrhythmus.

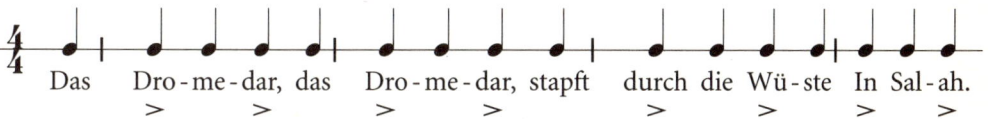

> = Jeweils das Instrument anspielen.

Tip: Dieser Reim wird in einem gemächlichen Tempo ausgeführt und eignet sich gut, die Kinder in eine entspannte und konzentrierte Atmosphäre zu führen. Ein anschließendes Instrumentalspiel wird

ausschließlich mit Metallinstrumenten ausgeführt. Durch die lang-
anhaltenden Klänge wirkt es auf die Kinder beruhigend.

Förderung: visuell / Sprache / auditiv / taktil-kinästhetisch / Gedächtnis / Konzentration / sozial

4.3 Reim: „Der Elefant kommt angestampft"

1. Reim in Grobmotorik   3–7 Jahre

Die Kinder stehen als „Elefanten" im Raum verteilt. Sie greifen mit
der linken Hand an die Nase. Der rechte Arm liegt als „Elefantenrüs-
sel" in der Armbeuge des linken Armes. Ein mit Seilen gelegter Kreis
ist das „Wasserloch". Die Kinder sprechen den Reim und führen dazu
folgende Bewegungen aus:

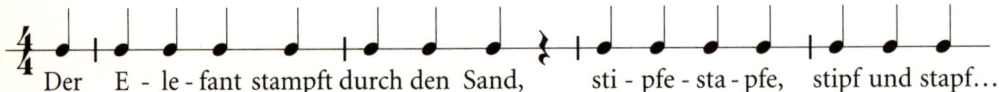

Der E - le - fant stampft durch den Sand,   sti - pfe - sta - pfe,   stipf und stapf...

Der Elefant stampft durch den Sand,   *Im Sprechtempo gemächlich*
                                        durch den Raum.
stipfe-stapfe, stipf und stapf.   *stampfen und den Oberkörper*
                                        bei jedem Schritt.

Er wackelt hin und wackelt her,	*leicht nach links oder rechts neigen.*
fest zu stampfen, mag er sehr.	*Fest aufstampfen.*
Vor einem großen Baum steht er,	*Stehenbleiben und den „Rüs-*
so hungrig und der Bauch ganz leer.	*sel" in den „Baum" strecken.*
Mit dem Rüssel holt er Blätter,	*„Rüssel" zum Mund führen.*
denn die schmecken immer lecker.	
Ein schlimmer Durst plagt	*Im Sprechtempo gemächlich*
ihn jedoch.	*durch den Raum stampfen.*
Er stampft zum tiefen Wasserloch.	
Stipfe-stapfe, stipf und stapf.	*wie beschrieben.*
Er wackelt hin und wackelt her,	
fest zu stampfen mag er sehr.	
Er streckt den Rüssel weit hinein	*Sich hinknien und den*
und saugt das kühle Wasser ein.	*„Rüssel" in das Wasserloch*
	strecken.
Im braunen Schlamm wälzt	*Sich auf dem Rücken herum-*
er sich nun,	*wälzen.*
um sich endlich auszuruhn.	*Ruhig daliegen.*

Förderung: visuell / auditiv / Sprache / taktil-kinästhetisch / Gedächtnis / Konzentration / Raumwahrnehmung

2. Reim als Handgestenspiel   3–7 Jahre

Die Kinder sitzen im Kreis. Ein aus Seilen gelegter Kreis in ihrer Mitte ist das „Wasserloch". Alle sprechen den Reim und führen dazu folgende Bewegungen aus:

Der Elefant stampft durch den Sand, stipfe-stapfe, stipf und stapf. Er wackelt hin und wackelt her, fest zu stampfen mag er sehr.	*Mit den Händen im Sprechtempo auf die Oberschenkel patschen, dabei den Oberkörper hin und her bewegen.*
Vor einem großen Baum steht er, so hungrig und der Bauch ganz leer. Mit dem Rüssel holt er Blätter, denn die schmecken immer lecker.	*Den „Rüssel" in einen imaginären „Baum" strecken. Den „Rüssel" zum Mund führen.*
Ein schlimmer Durst plagt ihn jedoch. Er stampft zum tiefen Wasserloch. Stipfe-stapfe, stipf und stapf. Er wackelt hin und wackelt her, fest zu stampfen mag er sehr.	*Mit den Händen im Sprechtempo auf die Oberschenkel patschen. Siehe oben.*
Er streckt den Rüssel weit hinein, und saugt das kühle Wasser ein.	*Sich hinknien und den „Rüssel" in das Wasserloch strecken.*
Im braunen Schlamm wälzt er sich nun, um sich endlich auszuruhn.	*Sich auf dem Rücken herumwälzen. Still daliegen.*

Förderung: visuell / auditiv / Sprache / taktil-kinästhetisch / Gedächtnis / Konzentration

4.4 Reim: „Die Katze setzt die Pfoten"

1. Reim in Grobmotorik   2–7 Jahre

Die Kinder sprechen den Reim und bewegen sich geschmeidig auf allen vieren als Katze im Raum. Sie führen folgende Bewegungen dazu aus:

Die Katze setzt die Pfoten, ganz sachte auf den Boden.	*Auf allen vieren schleichen.*
Und sie spitzt die Ohren gut, ob ein Mäuslein piepsen tut.	*Hörgeste.*
Dann hält sie an die Katz',	*In die Hocke gehen.*
und macht 'nen großen Satz!	*Bei „Satz" einen Sprung aus der Hocke.*
Entwischt ist ihr die kleine Maus, und die Katze schleicht nach Haus.	*Auf allen vieren zum Sitzkreis zurücklaufen.*

Förderung: visuell / auditiv / Sprache / taktil-kinästhetisch / Gedächtnis / Konzentration / Raumwahrnehmung

2. Reim mit Klanghölzchen   2–7 Jahre

Die Kinder sitzen im Kreis. In der Hand halten sie ein Paar Klanghölzchen bereit. Sie sprechen den Reim und begleiten sich mit ihren Klanghölzchen auf folgende Weise:

Die Katze setzt die Pfoten, ganz sachte auf den Boden.	*Auf den Klanghölzchen streichen.*
Und sie spitzt die Ohren gut, ob ein Mäuslein piepsen tut.	*Klanghölzchen als Ohren seitlich an den Kopf halten.*
Dann hält sie an die Katz',	*Leise und schnell auf den Klanghölzchen klopfen.*
und macht 'nen großen Satz!	*Bei „Satz" einmal laut klopfen.*

Entwischt ist ihr die kleine Maus,	*Schnell auf Klanghölzchen klopfen.*
und die Katze schleicht nach Haus.	*Auf den Klanghölzchen streichen.*

Förderung: visuell / auditiv / Sprache / taktil-kinästhetisch / Gedächtnis / Konzentration / Raumwahrnehmung

3. Reim mit Instrumenten   3–7 Jahre

Die Kinder sitzen im Kreis. Sie halten Handtrommeln, Becken, Klanghölzchen und Lotusflöte bereit. Die Kinder sprechen den Reim und begleiten sich mit ihren Klanghölzchen auf folgende Weise:

Die Katze setzt die Pfoten, ganz sachte auf den Boden.	*Über das Fell der Handtrommeln streichen.*
Und sie spitzt die Ohren gut,	*Spielpause.*
ob ein Mäuslein piepsen tut.	*Mit der Lotusflöte piepsen.*
Dann hält sie an die Katz',	*Spielpause.*
und macht 'nen großen Satz!	*Bei „Satz" einen lauten Schlag auf den Handtrommeln und den Becken.*
Entwischt ist ihr die kleine Maus,	*Rasch auf den Klanghölzchen spielen.*
und die Katze schleicht nach Haus.	*Über das Fell der Handtrommel streichen.*

Förderung: visuell / auditiv / Sprache / taktil-kinästhetisch / Gedächtnis / Konzentration / sozial

4.5 Reim: „Im Schweinsgalopp"

1. Reim in Grobmotorik (in Rondoform)   4–8 Jahre

Die Kinder stehen als „Schweine" im Raum verteilt. Die Kinder sprechen den Reim und bewegen sich im Raum dazu.

Im Schweins-ga-lopp, im Schweins-ga-lopp, da lau-fen al-le, hopp, hopp, hopp.

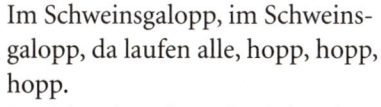

Im Schweinsgalopp, im Schweinsgalopp, da laufen alle, hopp, hopp, hopp.
Im Schweinsgalopp, im Schweinsgalopp, da geht es heut' hopp-hopp.

Durch den Raum galoppieren.

Im Kreis, da laufen sie herum, können nicht raus, das ist so dumm.

Im Kreis herumlaufen.

Im Schweinsgalopp, im Schweinsgalopp, da laufen …

Siehe oben.

Im Zaun, da ist etwas gebrochen, da sind sie alle rausgekrochen und laufen übers freie Feld, kein Hindernis, das sie noch hält.

Sich auf den Boden legen und durch einen imaginären Zaun kriechen.
Durch den Raum laufen.

Im Schweinsgalopp, im Schweinsgalopp da laufen …

Siehe oben.

Doch müde werden alle Schweine und strecken von sich alle Beine. Zufrieden grunzen sie dann noch und suhlen sich im Ackerloch.

Sich auf den Rücken legen und die Beine von sich strecken.
Grunzen.
Sich am Boden herumwälzen.

Der Hunger überkommt sie bald, *Aufstehen.*
und alle trotten in den Wald.
‖: Tippel-töppel, töff-töff-töff :‖ *Durch den Raum laufen.*
Grunzend wühlen sie herum und *Mit den Händen als Schnauzen*
finden dann so manchen Wurm. *am Boden herumwühlen. Einen*
imaginären Wurm verspeisen.

Satt und rund geht es zurück, *Durch den Raum gehen.*
und müde wird der sanfte Blick. *„Müde" schauen.*

‖: Tippel-töppel, töff-töff-töff :‖ *Langsam sprechen und dazu*
durch den Raum gehen.
Ins Stroh, da kuscheln sie sich rein *Alle „Schweine" kuscheln sich*
ein jeder Tag müßte so sein. *auf dem Boden zusammen.*

Förderung: visuell / auditiv / Sprache / taktil-kinästhetisch / Gedächtnis / Konzentration / Raumwahrnehmung

2. Reim als Klanggeschichte   5–9 Jahre

Die Kinder sitzen im Kreis. An sie sind folgende Instrumente ausgeteilt:

Klanghölzchen, Guiro-Raspel, Xylophon-Klangbausteine (z. B. Töne c1, g1), Fingerzimbel, Handtrommeln, Becken, Lotusflöte, Raschelstab oder Raschelfolie.

Die Kinder sprechen den Reim und begleiten sich mit ihren Instrumenten auf folgende Weise:

Im Schweinsgalopp, im Schweins- *Im Galopprhythmus auf den*
galopp, da laufen alle, hopp, *Klanghölzchen und den*
hopp, hopp. *Handtrommeln spielen.*
Im Schweinsgalopp, im Schweinsgalopp, da geht es heut hopp, hopp.

Im Kreis, da laufen sie herum, *Im Lauftempo auf den Xylo-*
können nicht raus, das ist so dumm. *phon-Klangbausteinen spielen.*

Im Schweinsgalopp, im Schweinsgalopp, da laufen …

wie beschrieben.

Im Zaun, da ist etwas gebrochen,
da sind sie alle rausgekrochen –
und laufen übers freie Feld,
kein Hindernis, das sie noch hält.

*Auf der Guiro-Raspel langsam
raspeln.*
*Im Lauftempo auf den Xylo-
phon-Klangbausteinen spielen.*

Im Schweinsgalopp, im Schweinsgalopp, da laufen …

wie beschrieben.

Doch müde werden alle Schweine
und strecken von sich alle Beine.
Zufrieden grunzen sie dann noch
und suhlen sich im Ackerloch.

*Becken langsam und leise
anschlagen.*
*Lotusflöte von hoch nach tief
spielen. Auf den Handtrommeln wischen.*

Der Hunger überkommt sie bald,
und alle trotten in den Wald.
𝄆 Tippel-töppel, töff-töff-töff 𝄇

*Auf der Guiro-Raspel langsam
raspeln.*
*Im Lauftempo auf den Xylo-
phon-Klangbausteinen spielen.*
Auf der Handtrommel wischen.

Grunzend wühlen sie herum
und finden dann so manchen
Wurm.

*Lotusflöte, Guiro-Raspel,
Klanghölzchen improvisieren
dazu.*

Satt und rund geht es zurück,
und müde wird der sanfte Blick.
𝄆 Tippel-töppel, töff-töff-töff 𝄇
Ins Stroh, da kuscheln sie sich rein –
ein jeder Tag müßte so sein.

*Im Gehtempo auf den Xylo-
phon-Klangbausteinen spielen.*

*Raschelstab. Mit den Finger-
zimbeln langsame Klänge
spielen.*

Instrumententausch.

Förderung: visuell / auditiv / Sprache / taktil-kinästhetisch / Gedächtnis / Konzentration / sozial

4.6 Reim: „Lustig ist's im Schweinehaus"

Reim als Fingerspiel   4–9 Jahre

Die Kinder sitzen im Kreis, sprechen den Reim und ahmen die Bewegungen der Erzieherin nach.

Lustig ist's im Schweinehaus, jetzt laufen alle Schweine raus.	*Mit den Fingerspitzen ein Dach bilden. Alle zehn Finger mit kleinen, schnellen Bewegungen in Brusthöhe nach vorne bewegen, dann kreisförmig über außen zurück.*
Die Ernestin, ein dickes Schwein,	*Den Daumen der rechten Hand strecken.*
das schläft an jeder Stelle ein.	*Den Daumen langsam beugen.*
Ein schnelles Schwein ist unser Fritz,	*Rechten Zeigefinger strecken und die Hand in Brusthöhe vor sich rasch im Kreis bewegen.*
er läuft noch schneller als der Blitz.	*Dabei den Zeigefinger schnell vor- und zurückbewegen.*
Der Willi ist ein faules Schwein,	*Mittelfinger der rechten Hand langsam strecken und*
er legt sich in den Sonnenschein.	*wieder langsam beugen.*
Das ist der freche Eberhard,	*Ringfinger der rechten Hand strecken.*
der treibt so manchen Schabernack.	*Ringfinger tippt im Sprechrhythmus auf die eigene Nase.*
Das rosa Schweinchen Piddipad,	*Kleinen Finger der rechten Hand strecken.*
liebt soo den frechen Eberhard.	*Kleiner Finger streichelt den Ringfinger der rechten Hand.*

Und da sind noch vier Ferkelein,	*Die vier Finger der linken Hand zappeln hin und her.*
mit ihrem dicken Mutterschwein.	*Daumen der linken Hand strecken.*
Im Schlamm wühlen sie wild herum. Der Mutter wird dies nicht zu dumm.	*Die Finger der gestreckten linken Hand bewegen sich auf dem linken Oberschenkel mit raschen Bewegungen hin und her.*
Ja, die freut sich noch dabei:	*Daumen der linken Hand strecken.*
„So eine schöne Schweinerei."	*Im Sprechrhythmus die Daumenkuppe bewegen.*
Und als der Schlamm so herrlich spritzt,	*Alle Finger sind gestreckt und zappeln waagrecht in Brusthöhe. Bei „spritzt" in die Hände klatschen und beide Hände mit gespreizten Fingern schnell über oben nach außen führen.*
da kommen alle angeflitzt.	*Hände seitlich der Ohren halten und dabei die gespreizten Finger rasch bewegen. Bei „angeflitzt" die Hände nach vorne in Brusthöhe bewegen.*
Sie springen in den Schlamm hinein.	*Die Hände mit den zappelnden Fingern langsam über außen nach oben führen. Bei „hinein" die Hände auf die Oberschenkel fallen lassen.*
„Es ist so schön, ein Schwein zu sein!"	*Die Handflächen und die Handrücken im Sprechrhythmus abwechselnd leicht auf die Oberschenkel patschen.*

Förderung: visuell / auditiv / Sprache / feinmotorisch / taktil-kinästhetisch / Gedächtnis / Konzentration

4.7 Reim: „Robby Robb – die kleine Robbe"

1. Reim in Grobmotorik 4–9 Jahre

Die Kinder sprechen den Reim und führen dazu folgende Bewegungen aus:

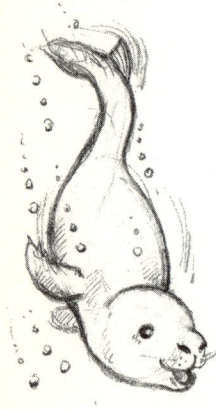

Robby Robb, die kleine Robbe, will ins Wasser, robb-robb-robb.	*Die Kinder liegen auf dem Bauch und robben mit Hilfe der Arme durch den Raum.*
Er flutscht hinein ins weite Meer, denn schwimmen, das mag Robby sehr.	*Aufstehen.*
Er fängt sich einen kleinen Fisch,	*Durch den Raum laufen und einen imaginären Fisch fangen.*
der schmeckt ganz lecker und ganz frisch.	*Den imaginären Fisch verspeisen.*
Einen Freund sucht er sich dann, mit dem er immer spielen kann.	*Sich einen Partner suchen.*
‖: Sie schwimmen los – schnell wie ein Pfeil.	*Zu zweit durch den Raum laufen.*
Und jetzt geht's runter – ziemlich steil.	*Sich rasch auf den Bauch legen.*
Sie springen hoch und drehen sich. Es wird ihnen ganz schwindelig. :‖	*Schnell aufspringen und sich drehen.*
Sie schwimmen dann zurück an Land,	*Sich auf den Bauch legen.*
und robben jetzt zum weichen Strand.	*Durch den Raum robben.*
Sie ruhen sich vom Spielen aus,	*Alle legen sich ruhig hin.*
und lauschen still dem Meergebraus.	*Erzieherin spielt mit dem Rainmaker / der Rassel.*

Förderung: visuell / auditiv / Sprache / taktil-kinästhetisch / Gedächtnis / Konzentration / Raumwahrnehmung / sozial

2. Reim als Handgestenspiel   4–9 Jahre

Die Kinder sitzen im Kreis, sprechen den Reim und ahmen die Bewegungen der Erzieherin nach.

Robby Robb die kleine Robbe, will ins Wasser, robb-robb-robb.	*Rechte Hand (Robbe) liegt auf dem rechten Oberschenkel und robbt zum Knie.*
Er flutscht hinein ins weite Meer, denn Schwimmen, das mag Robby sehr.	*Die rechte Hand in Brust- und Bauchhöhe flink wie eine schwimmende Robbe bewegen.*
Er fängt sich einen kleinen Fisch,	*Die „Robbe" fängt sich einen imaginären Fisch.*
der schmeckt ganz lecker und ganz frisch.	*Eßbewegungen mit der Hand!*
Einen Freund sucht er sich dann, mit dem der immer spielen kann.	*Die linke Hand schwimmt als zweite Robbe.*
‖: Sie schwimmen los – schnell wie ein Pfeil.	*Rasche geschmeidige Bewegungen mit den Händen.*
Und jetzt geht's runter – ziemlich steil.	*Hände rasch nach unten führen.*
Sie springen hoch und drehen sich. Es wird ihnen ganz schwindelig. :‖	*Hände rasch nach oben führen und drehen.*
Sie schwimmen dann zurück an Land,	*Beide Hände auf den rechten Oberschenkel legen.*
und robben jetzt zum weichen Strand.	*Auf dem Oberschenkel robben.*
Sie ruhen sich vom Spielen aus, und lauschen still dem Meergebraus.	*Hände bleiben ruhig liegen.*

Förderung: visuell / auditiv / Sprache / feinmotorisch / taktil-kinästhetisch / Gedächtnis / Konzentration

5 Rhythmische Wahrnehmungs- spiele mit Liedern

*„Schläft ein Lied in allen Dingen,
die da träumen fort und fort –
und die Welt hebt an zu singen,
triffst du nur das Zauberwort."*
Eichendorff

Jede Stimme ist einzigartig in Klang, Klangfarbe (Timbre), Beweglichkeit und Ausdruckskraft. Sie ist der Spiegel unserer Seele, unserer Emotionen und Persönlichkeit. Ein guter Sänger legt seine ganze Seele in den Gesang. Nur so erreicht er die Herzen der Menschen.

Hören wir Gesang, werden besonders die Gehirnbereiche, in denen sich unser Gefühlsleben abspielt, angesprochen. Es scheint, als ob wir in die Zeit vor der Entstehung der Sprache versetzt werden. Denn unsere Vorfahren haben sich ihre Gefühle mit Urlauten und Gesang mitgeteilt.

Die Bedeutung des Singens für die kindliche Entwicklung

Das Singen mit Kindern ist mit *emotionaler Zuwendung* gleichzusetzen. Eltern, die mit ihren Kinder singen, teilen ihrem Kind mehr von ihrer Persönlichkeit und ihren authentischen Emotionen mit, als wenn sie nur mit ihm sprechen würden. Durch das gemeinsame Singen begeben sich Erwachsene auf die altersentsprechende emotionale Ebene von Kindern. Dies wirkt sich natürlich sehr fördernd auf die emotionale Bindung zwischen Eltern / Erzieherin und Kind aus. Der Säugling, das Klein- und Kindergartenkind wird mit Liedern und entsprechenden Bewegungen von seinem Entwicklungsstand abgeholt und schöpft die Menge an Sinnesanregungen heraus, die es verarbeiten kann. Aus diesem Grund ist Gesang vor allem für Säuglinge und Kleinkinder von elementarer Bedeutung. Wiegenlieder beispielsweise nehmen außer ihrer beruhigenden Wirkung durch Gesang, Berührung oder der Wiegebewegung einen wichtigen Einfluß auf die Entwicklung von Kindern, da Singen das Zusammenspiel der beiden Gehirnhälften fördert.

Der Säugling ist unfähig, seine Lebensbedürfnisse selbst zu regeln. Doch fällt es ihm leicht, Aufmerksamkeit zu wecken. Er schreit, gluckst, lacht und bekommt so von der Mutter Nahrung, spielerische Zuwendung und Nähe. *„Mit dem Schreien, das eher ein weinendes Singen (…) ist (…), können wir als neugeborener Mensch unsere Welt verändern. Wir können unangenehme Situationen in ihr Gegenteil verwandeln. Wir brauchen nur einen Ton von uns zu geben, das ist unsere Zauberformel: Wir lassen uns ganz zu Klang werden.“* [17]

Schon zweijährige Kinder können singen. Besser ausgedrückt, sie er-„finden“ Melodien aus ihrer emotionalen und seelischen Befindlichkeit heraus. *„Viele Eltern beobachten bei ihrem Kleinkind, daß es „stundenlang“ frei erfundene Melodien singt. Dabei erscheinen uns die Texte des Gesanges meist als „sinnlos“.*

Jedoch entwickelt das Kind dadurch viele Eigenschaften, von denen einige vor allem in unserer heutigen Zeit immer wichtiger werden: Kreativität, Phantasie, sich selbst hören, mit der Musik in der eigenen Phantasiewelt leben, Entwicklung des Sprachsinnes, Erweiterung des Wortschatzes, eine bessere Aussprache usw.“ [18] Im Laufe des zweiten Lebensjahres sind Kleinkinder in der Lage, einfache Melodien mitzusingen.

Alle Kinder besitzen eine hohe Singstimme. Dies ist schon rein anatomisch zu erklären, da die Stimmbänder kürzer sind und dadurch schneller schwingen. Leider singen viele Erwachsene, vor allem Frauen, viel zu tief für eine Kinderstimme. Oft wird in einer tiefen Alt-Stimmlage gesungen, und den Kindern bleibt nicht anderes übrig, als irgendwie mitzubrummen oder mitzuschreien. Für eine weibliche Singstimme ist der Tonumfang von Ton a bis d2 im Bereich

---

[17] Adamek, Karl: „Elemente der Selbstorganisation des Singens“, aus Musik-Tanz-Kunsttherapie 3 (1990)
[18] Hirler, Sabine: „Kinder brauchen Musik, Spiel und Tanz“, Münster 1998, S. 6.

der stimmlichen Möglichkeiten. Die meisten Kinderlieder haben nur einen Tonumfang von c1 bis d2. Gerade im Kindergarten ist es für die Kinder sehr zu wünschen, daß sie ein gutes stimmliches Vorbild haben, da viele Eltern zu Hause mit ihren Kindern nicht singen.

Das spontane und gemeinsame Singen ist in unserer heutigen Gesellschaft zur Ausnahme geworden. Im Verlauf der Menschheitsgeschichte war es in jeder Kultur üblich, gemeinsam zu singen. In unserer „fortschrittlichen" Zivilisation verliert sich das leider mehr und mehr. Wir berauben uns dadurch der Möglichkeit, uns im kleineren Rahmen – Familie, Feste im Familien- und Freundeskreis – durch das Singen gefühlsmäßig mit den anderen zu verbinden und mit ihnen Gemeinschaft zu erleben. Eine Ausnahme stellen Chöre, Gottesdienste, Fußballspiele und die Konzerte von Pop, Rock und Folklore dar. Bequemer ist es, sich durch die Medien bedienen und berieseln zu lassen.

Stimmblockaden haben meistens ihre Ursachen in der Kindheit, wenn ein „Pädagoge" oder eine Bezugsperson beurteilt hat, daß wir nicht gut singen können. Die Lust am Singen geht damit meistens für das ganze Leben verloren. Aus diesem Grund sollten Eltern und Erzieherinnen keinen Versuch auslassen, die Stimme wiederzufinden oder neu zu entdecken, um ihre vielseitigen Möglichkeiten in Kindergarten, Schule und zu Hause einzusetzen und die Kinder im Singen zu fördern.

Ganzheitliche Erziehung mit Spielliedern und Tänzen

> *O Mensch*
> *lerne tanzen,*
> *sonst wissen die Engel*
> *im Himmel mit dir*
> *nichts anzufangen.*
> Augustinus

Tänze sind Urformen der gemeinschaftlichen Bewegung. Der Reigen als Rundtanz ist neben der religiösen Prozession ebenfalls eine ar-

chetypische Tanzform. Der Kreis ist ein Symbol der Ganzheit. Denn wo Menschen im Kreis tanzen, geben sie ihrem Gemeinschaftsgefühl Ausdruck. „*Melodie und Rhythmus wecken Lust und Liebe zum Tanzen. Tanzen kann man als anmutigen Ausdruck für die Gedanken und Empfindungen bezeichnen, ohne daß dabei auch nur ein Wort gesprochen wird.*"[19] Wie wunderbar Tänze unsere Seele berühren und uns das Gefühl der Verbundenheit mit uns, der Umwelt und mit den anderen Menschen schenken können, sollte jede(r) einmal am eigenen Leibe erfahren haben.

Tanzmusiken sind in der Regel in Instrumentalfassungen zu hören. Die Bewegungsformen und Schrittfolgen sind vorgegeben und durch die musikalische Form strukturiert. Die durch die Musik entstehende rhythmische Bewegung wird von allen Tänzern umgesetzt und intensiviert das Gemeinschaftsgefühl. Raumwahrnehmung, Sozialverhalten und die Kinästhesie (Bewegungserinnerung, Körpergefühl, Gleichgewichtssinn, Bewegungssinn usw.) werden ebenfalls gefördert.

Im Vor- und Grundschulbereich ist der Einsatz der variablen Tanzoder Spiellieder beliebt, da mit ihnen – anders als bei einem festgelegten Tanz – vielfältigere Spielformen durchgeführt werden können.

Folgende Elemente kann ein Tanz- oder Spiellied beinhalten:
– Gesang und Sprache
– Bewegungen in charakteristischen Spiel- und Tanzformen
– als Partnerspiel
– mit Material
– mit Instrumenten (z. B. Handtrommel, Klanghölzchen)
– als Handgestenspiel.

Durch Tanz- und Spiellieder erfahren die Kinder eine ganzheitliche Förderung mit Musik, Sprache und Bewegung, die die Elemente der rhythmisch-musikalischen Erziehung darstellen.

---

[19] Hazrat Inayat Khan: „Musik und Kosmische Harmonie", Heilbronn 1990, S. 79.

5.1 Lied: „Das A-E-I-O-U Lied"

Als Fingerspiel   3–7 Jahre

Ran - ran - ran - ran, ren - ren - ren - ren, rin - rin - rin - rin,

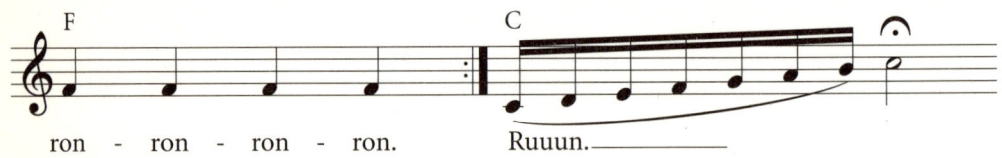

ron - ron - ron - ron. Ruuun._____

Die Kinder sitzen im Kreis und halten in Brusthöhe die Fingerspitzen aneinander. Im Liedrhythmus tippen die Fingerspitzen in folgender Weise gegeneinander:

‖: ran – ran – ran – ran,   *Zeigefinger tippen im Liedrhythmus.*

ren – ren – ren – ren,   *Mittelfinger tippen im Liedrhythmus.*

rin – rin – rin –rin,   *Ringfinger tippen im Liedrhythmus.*

ron – ron – ron – ron. :‖   *Die kleinen Finger tippen im Liedrhythmus.*

Ruuuuun.   *Daumen umkreisen sich rasch. Hände dabei nach oben führen und dann schnell auseinander. Die Stimme singt gleichzeitig ein Glissando (tief nach hoch).*

Tip: Da Kinder den Unterschied von Konsonanten und Vokalen nicht kennen, wählt die Erzieherin den Namen eines Kindes aus und verwendet z. B. von „Tim" die Konsonanten „T" und „M" bei wechselnden Vokalen. Witzig ist es für Kinder, wenn bekannte Wörter im Lied auftauchen.

Weitere Beispiele:
– *mit „T" und „P"*
Tapp – tapp – tapp – tapp,
tepp – tepp – tepp – tepp,
tipp – tipp – tipp – tipp,
topp – topp – topp – topp. Tuuuuup.

– *mit „S" und „R"*
Sarr – sarr – sarr – sarr,
serr – serr – serr – serr,
sirr – sirr – sirr – sirr,
sorr – sorr – sorr – sorr. Suuuurr.

– *mit „K" und „Z"*
kaz – kaz – kaz – kaz,
kez – kez – kez – kez,
kiz – kiz – kiz – kiz,
koz – koz – koz – koz. Kuuuuz.

Förderung: auditiv / Sprache / visuell / taktil-kinästhetisch / Kreativität / sozial

5.2 Lied: „Das Lied vom Lauschen"

Als Spiellied mit Instrumenten und Materialien   **3–9 Jahre**

Lau-sche in die Welt hin-ein, dort gibt es viel zu hör-en.
Spi-tze dei-ne Oh-ren fein, du kannst uns viel er-zäh-len.

Lausche in die Welt hinein,
dort gibt es viel zu hören.
Spitze deine Ohren fein,
du kannst* uns viel erzählen.

Die Kinder sitzen im Kreis, singen das Lied und streichen mit den Händen ihre Ohren von innen nach außen aus. Danach schließen sie die Augen. Ein vorher bestimmtes Kind erzeugt auf folgende Weise einen Ton, Klang oder Geräusch:

- Mit einem Instrument. Es werden mehrere Instrumente zur Auswahl hingelegt, es darf jedoch nur eines angespielt werden.
- Das Kind ahmt die Laute (Fauchen des Tigers, Muhen, Bellen usw.) oder Bewegungsgeräusche eines Tieres (Galoppieren des Pferdes, Schlange, Katze, Maus usw.) im Raum nach.
- Das Kind imitiert die Bewegungsgeräusche eines Tieres auf Instrumenten.
- Raumklänge und Geräusche: Das Kind klopft, reibt, schiebt, bewegt einen Gegenstand oder erzeugt an einem festen Gegenstand im Raum Geräusche und Klänge (z. B. an die Heizung, Wände, Boden, Bank klopfen).

Die anderen Kinder raten jeweils, auf was gespielt oder was imitiert wurde und öffnen dann die Augen. Dies wird so lange wiederholt, bis jedes Kind an der Reihe war.

Tip: Es ist günstig, die Ausführungsmöglichkeiten (mit Instrumenten, Tierlauten, Raumklängen und Geräuschen) vorher auf ein bestimmtes Thema abzustimmen.

Förderung: auditiv / taktil-kinästhetisch / Sprache / Kreativität / sozial / visuell

---

* oder: *„Tim kann* uns viel erzählen."

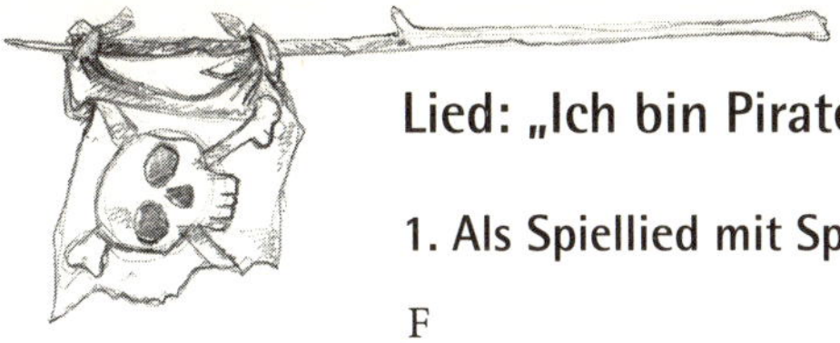

Lied: „Ich bin Piraten-Lili"

1. Als Spiellied mit Spielutensilien
4–10 Jahre

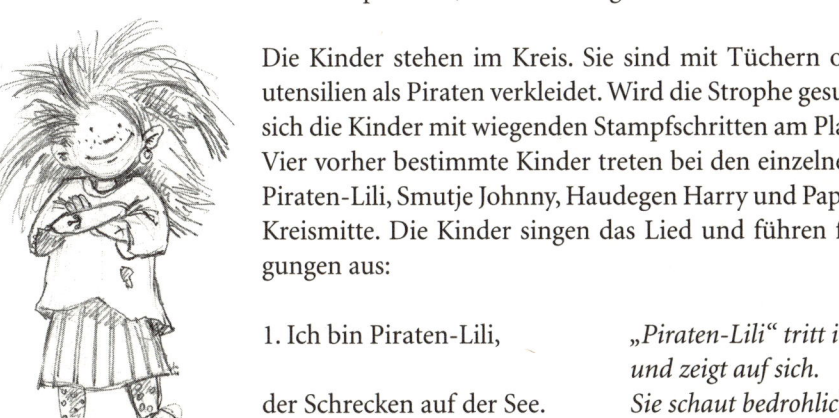

1. Ich bin Pi - ra - ten - Li - li, der Schre - cken auf der

See. Wir al - le sind Pi - ra - ten und grö - len laut: Ho - hee!

Refr. Wir sind Pi - ri - Pi - ra - Pi - ra - ten

und ma - chen schreck - schreck - lich - e Ta - ten.

> = Stampfschritt, nach links beginnen

Die Kinder stehen im Kreis. Sie sind mit Tüchern oder Faschings-utensilien als Piraten verkleidet. Wird die Strophe gesungen, bewegen sich die Kinder mit wiegenden Stampfschritten am Platz hin und her. Vier vorher bestimmte Kinder treten bei den einzelnen Strophen als Piraten-Lili, Smutje Johnny, Haudegen Harry und Papagei Lore in die Kreismitte. Die Kinder singen das Lied und führen folgende Bewegungen aus:

1. Ich bin Piraten-Lili,   *„Piraten-Lili" tritt in die Kreismitte und zeigt auf sich.*

der Schrecken auf der See.   *Sie schaut bedrohlich in die Runde.*
Wir alle sind Piraten   *Sie zeigt auf die anderen Piraten.*
und grölen laut: Ho-hee!   *Ruf-Geste.*

|: Wir sind — *Den linken Arm in „Angeber-Geste" heben und die Faust ballen.*

Piri-, — *Rechte Hand um den Oberarm greifen.*

Alle Kinder: Pira-, — *Rechten Arm in „Angeber-Geste" heben und Oberarm mit linker Hand umgreifen.*

Pi-
raten – — *Im Liedrhythmus rasch einmal linke und einmal rechte „Angeber-Geste" ausführen.*

und machen
schreck- — *„Angeber-Geste" mit linkem Arm.*

schreckliche — *„Angeber-Geste" mit rechtem Arm.*

Taten. :| — *Im Liedrhythmus einmal linke, einmal rechte „Angeber-Geste" ausführen.*

2. Ich bin der Smutje Johnny, — *„Smutje Johnny" tritt in die Kreismitte und zeigt auf sich. Er hält einen Stab als Kochlöffel in der Hand.*

mein Essen ist famos. — *Er reibt sich den Bauch.*
Nur wenn wir gut gegessen, — *Er rührt mit dem „Kochlöffel"*
dann geht's erst richtig los. — *in einem großen imaginären Kochtopf.*

Wir sind Piri-, Pira-, Piraten… — *Siehe oben.*

3. Ich bin Haudegen Harry, — *„Haudegen Harry" tritt in die*
auf mich ist stets Verlaß. — *Kreismitte und zeigt auf sich. Er geht herum und läßt dabei seine Muskeln spielen.*

Kommt einer in die Quere, — *Er schubst andere „Piraten" an,*
dann wird er sofort naß. — *die dann „freiwillig" über Bord gehen (Kinder lassen sich hinfallen).*

Wir sind Piri-, Pira-, Piraten… — *Siehe oben.*

4. Ich bin Papagei Lore,
der Schreihals hier an Bord.
Fang ich mal an zu schreien,
dann laufen alle fort.

*„Papagei Lore" tritt in die
Kreismitte und zeigt auf sich.
Bei „schreien" fängt sie an, laut
zu krächzen und zu schreien.
Die anderen laufen kreuz und quer
durch den Raum und halten sich
die Ohren zu.*

Wir sind Piri-, Pira-, Piraten…

*Die Kinder bilden wieder einen
Kreis.*

Sonstige Ausführung:

wie beschrieben.

Rollenwechsel.

2. Mit Instrumenten   5 –10 Jahre

Die Kinder sitzen im Kreis. Folgende Instrumente sind an sie verteilt:
Becken, große Trommel, Handtrommel, Schellenkranz, Topfdeckel
mit Schneebesen, Xylophon, Metallophon, Guiro-Raspel, Lotusflöte.
Die Kinder singen das Lied und begleiten sich in folgender Weise
dazu:

1. Ich bin Piraten-Lili,
der Schrecken auf der See.
Wir alle sind Piraten
und grölen laut: Ho-hee!

*Xylophon (Töne f1, c1) im
¼ Takt spielen.
Bei „Ho-hee!" einen Schlag
auf dem Becken.*

Refrain:
‖: Wir sind Piri-, Pira-, Piraten –
und machen schreck-, schreckliche
Taten. :‖

*Große Trommel und Schellen-
kranz spielen im Liedrhythmus.*

2. Ich bin der Smutje Johnny,
mein Essen ist famos.
Nur wenn wir gut gegessen,
dann geht's erst richtig los!

*Mit dem Schneebesen im ¼ Takt
auf den Topfdeckel schlagen.
Bei „los!" einen Schlag auf dem
Becken*

Wir sind Piri-, Pira-, Piraten...	*Große Trommel, Schellenkranz und Schneebesen mit Topfdeckel spielen im Liedrhythmus.*
3. Ich bin Haudegen Harry, auf mich ist stets Verlaß.	*Metallophon (Töne f', c') im ¼ Takt mit Klanghölzchen anschlagen.*
Kommt einer in die Quere, dann wird er sofort naß!	*Bei „naß!" einen Schlag auf dem Becken.*
Wir sind Piri-, Pira-, Piraten...	*Große Trommel, Schellenkranz und Metallophon spielen im Liedrhythmus.*
4. Ich bin Papagei Lore, der Schreihals hier an Bord. Fang ich mal an zu schreien, dann laufen alle fort.	*Mit Lotusflöte und Guiro-Raspel im ¼ Takt spielen. Bei „schreien" auf Lotusflöte improvisieren. Bei „fort" einen Schlag auf dem Becken.*
Wir sind Piri-, Pira-, Piraten...	*Alle Instrumente spielen im Liedrhythmus.*
Instrumentenwechsel.	

Förderung: visuell / auditiv / taktil-kinästhetisch / Sprache / Raumwahrnehmung / Kreativität / sozial

5.4 Lied: „Im Schweinehaus"

Als Spiellied   4–9 Jahre

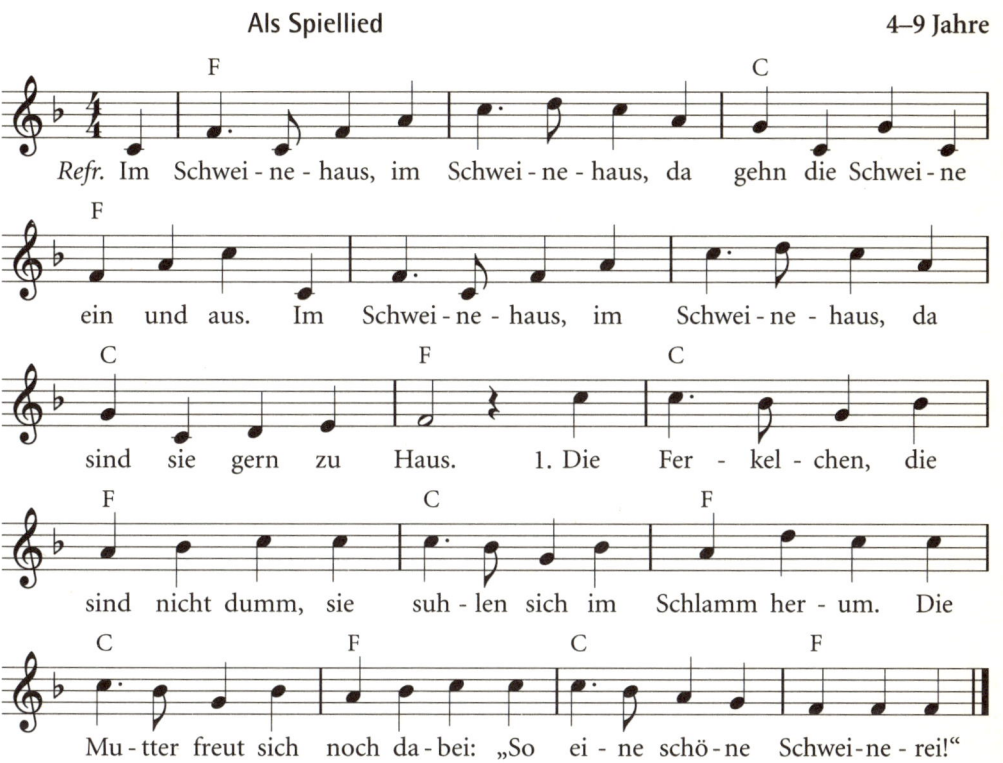

Die Kinder stehen im Kreis, singen das Lied und führen die folgenden Bewegungen dazu aus:

Refrain:

Im Schweinehaus, im Schweinehaus,	*Im Liedrhythmus stampfen und klatschen.*
da gehn die Schweine ein und aus.	*Gehbewegungen am Platz.*
Im Schweinehaus, im Schweinehaus,	*Im Liedrhythmus stampfen und klatschen.*
da sind sie gern zu Haus.	*Gehbewegungen am Platz und Armgeste nach außen.*

1. Die Ferkelchen, die sind nicht dumm, die suhlen sich im Schlamm herum.
Die Mutter freut sich noch dabei: „So eine schöne Schweinerei!"
Im Schweinehaus ...

Sich auf den Rücken legen und hin und her bewegen.

Wie beschrieben.

2. Die Ernestin, ein dickes Schwein, die möchte immer glücklich sein.

Sie schläft mal hier und schläft mal dort, denn ihr gefällt's an jedem Ort.
Im Schweinehaus ...

Lächelnd die Arme ausbreiten und sich langsam auf den Boden legen.
Hände als Kopfkissen unter die Wangen legen.
Wie beschrieben.

3. Ein schnelles Schwein ist unser Fritz, er startet durch, ja wie der Blitz. Schnell wetzt er aus dem Schweinehaus, wenn jemand teilt das Fressen aus.

Im Schweinehaus ...

Durch den Raum laufen.

Hinknien und imaginäres Fressen hinunterschlingen.
Einen Kreis bilden.
Wie beschrieben.

4. Der Willi ist ein faules Schwein, der möchte gern im Süden sein.
Er legt sich in den Sonnenschein und lebt so in den Tag hinein.
Im Schweinehaus ...

Müde umhergehen.

Sich hinlegen und umher-schauen.
Wie beschrieben.

5. Das rosa Schweinchen Piddipadd, das liebt den frechen Eberhard.
Sie grunzt ihm jeden Tag ein Lied, das sagt: „Ich hab' dich ja so lieb!"

Im Schweinehaus ...

Sich über die Arme streichen.
Hin und her schauen und kokett blinzeln.
Jemandem eine Kußhand zu-werfen.
Wie beschrieben.

6. Und hört der freche Eberhard
das Lied von Schweinchen Piddipad,
dann stimmt er froh ins Lied mit ein:
„Was für ein Glück, ein Schwein
    zu sein!"

Hörgeste.

*Paare bilden, sich an den
Händen fassen und im Kreis
hüpfen.*

Im Schweinehaus…

Zu zweit im Kreis hüpfen.

Förderung: visuell / auditiv / taktil-kinästhetisch / Sprache / Raumwahrnehmung /
sozial

5.5 Lied: „Kleines grünes Käferlein"

1. Als Fingerspiel
3–7 Jahre

1. Klei - nes grü - nes Kä - fer - lein, kra - bbelt in die
Welt hin - ein. Setzt sich auf ein grü - nes Blatt,
frißt sich dort ganz rund und satt, sucht sich jetzt ein
an - dres Blatt in dem grü - nen Wal - de.

Die Kinder sitzen im Kreis auf dem Boden. Sie singen das Lied und
führen folgende Bewegungen dazu aus:

1. Kleines grünes Käferlein,

krabbelt in die Welt hinein.
Setzt sich auf ein grünes Blatt,

frißt sich dann ganz rund und satt.

Sucht sich jetzt ein andres Blatt
in dem grünen Walde.

Rechte Hand als Käfer bewegt sich mit flinken Fingerbewegungen über den linken Ober- und Unterarm auf die linke Handinnenfläche. Kleine, rasche „Fressbewegungen".
„Käfer" krabbelt über den linken Arm zur linken Schulter.

2. Kleines grünes Käferlein,
krabbelt in die Welt hinein.
Krabbelt nun den Baum hinab
mit den Beinchen trippe-trapp,
sucht sich einen neuen Baum
in dem grünen Walde.

„Käfer" krabbelt den Ober- und Unterkörper hinunter.

„Käfer" krabbelt auf dem Boden hin und her.

3. Kleines grünes Käferlein,
krabbelt in die Welt hinein.
Über Äste, über Moos,
alles ist so riesengroß.
Findet einen andern Baum
in dem grünen Walde.

„Käfer" krabbelt über Füße und Beine (=Äste und Moos).

„Käfer" krabbelt das linke Bein hoch.

4. Kleines grünes Käferlein,
krabbelt in die Welt hinein.
Findet jetzt ein Loch im Ast,
macht nun eine kleine Rast.
Ruht sich aus und schläft dann ein
in dem grünen Walde.

„Käfer" krabbelt den Oberkörper hoch und legt sich am Hals in die linke Schlüsselbeinkuhle.

Variante: Spieldurchführung mit der linken Hand als Käfer.

2. Als Partnerspiel

Die Kinder gehen paarweise zusammen. Spieldurchführung wie vorher beschrieben, jedoch spielt ein Kind mit der rechten oder linken Hand den Käfer. Das andere steht vor ihm und stellt die Bäume, Äste und Moos dar, und das „Käferkind" bewegt seine Hand auf ihm. Rollenwechsel.

Förderung: visuell / auditiv / taktil-kinästhetisch / Sprache / Raumwahrnehmung / sozial

5.6 Lied: „Kleiner Igel, komm heraus"

Als Spiellied   2–7 Jahre

1. Klei-ner I-gel, komm her-aus, aus dem spi-tzen Sta-chel-haus.
Kei-ner, kei-ner tut dir was! Al-le wol-len hier nur Spaß!

Die Kinder sitzen im Kreis. In der Mitte liegt ein Kind zusammengerollt als Igel. Die Kinder singen das Lied und führen folgende Bewegungen dazu aus:

1. Kleiner Igel, komm heraus,
aus dem spitzen Stachelhaus.
Keiner, keiner tut dir was!
Alle wollen hier nur Spaß.

Die Kinder streichen über den Rücken des „Igels".

2. Kleiner Igel, steh jetzt auf.

Der „Igel" steht langsam auf und rekelt sich.

Rekel dich – komm mit und lauf.

Er läuft durch den Raum, die anderen Kinder

Lauf mit uns durch Wald und Feld,   *laufen hinter ihm her.*
grad so, wie es dir gefällt.   *Zurück in den Sitzkreis.*

Rollenwechsel.

Förderung: visuell / auditiv / Sprache / taktil-kinästhetisch / Raumwahrnehmung /
Kreativität / sozial

5.7 Lied: „Tanz durch das Tor der Sinne"

Als Spiellied mit Instrumenten und Materialien   4–11 Jahre

Refr. Tanz durch das Tor, durch das Tor der Sin-ne. Tanz durch das Tor, durch das

Tor hin-durch. 1. Tom steht im Tor und schließt die Au-gen

und ist ge-spannt, was er gleich spürt. Spitz o-der rund, weich

o-der Har-tes. Sag uns, was hast du denn ge-spürt?

Zwei Kinder stehen sich gegenüber und bilden mit den Armen ein
Tor. Die anderen Kinder laufen hintereinander im Kreis und dabei
immer durch das Tor hindurch. Ist der Refrain zu Ende, schließen die
beiden Kinder das Tor über einem Kind (d.h. die Arme gehen nach
unten und umschließen das Kind, das gerade dazwischen ist).

Tip: Es kann jeweils nur die Sinneswahrnehmung einer Strophe mit wechselnder Rollenverteilung durchgeführt werden.

Refrain:

|: Tanz durch das Tor, durch das Tor der Sinne.	*Die Kinder laufen durch das Tor.*
Tanz durch das Tor, durch das Tor hindurch. :|	*Nach der Wiederholung schließt es sich.*

1. *Tom* steht im Tor und schließt die Augen und ist gespannt, was er gleich spürt. Spitz oder rund, weich oder Hartes. Sag uns, *was*[*] hast du denn gespürt?   *Die „Torkinder" berühren das Kind mit einem beliebigen Gegenstand, Material, einem kleinen Instrument. Das Kind im Tor rät und / oder beschreibt das Gespürte.*

Tanz durch das Tor …   *Siehe oben.*

2. *Philipp* steht im Tor und schließt die Augen und ist gespannt, was er gleich sieht. Rot, gelb, grün, blau und andre Farben. Sag uns jetzt bitte, was du siehst?   *Die „Torkinder" legen ein farbiges Tuch über den Kopf des Kindes. Das Kind im Tor öffnet die Augen und sagt die Farbe.*

Tanz durch das Tor …   *Siehe oben.*

3. *Mara* steht im Tor und schließt die Augen und ist gespannt, was sie gleich hört. Tief, hoch, lang, kurze, schrille Töne. Sag uns, *was*[**] hast du denn gehört?   *Die „Torkinder" spielen ein beliebiges Instrument an. Das Kind im Tor rät und / oder beschreibt den Klang.*

Tanz durch das Tor …   *Siehe oben.*

4. *Katrin* steht im Tor und schließt die Augen und ist gespannt,   *Die „Torkinder" legen dem Kind ein Stück Obst /*

---

[*] oder *wo*, als zusätzliche oder alternative Frage.
[**] oder *von wo* hast du gehört?

was sie gleich schmeckt.
Süß oder sauer, scharf oder bitter.
Sag uns, was hast du denn
 geschmeckt?
Tanz durch das Tor …

*Gemüse / Sonstiges in den
Mund.
Das Kind im Tor rät und / oder
beschreibt den Geschmack.
Siehe oben.*

5. *Ulli* steht im Tor und schließt
die Augen und ist gespannt,
was er gleich riecht.
Blütendüfte oder gar Müffe.
Sag uns, was du grade riechst?

*Die „Torkinder" halten dem
Kind eine Blume, Duftöl oder
Sonstiges unter die Nase.
Das Kind im Tor rät und / oder
beschreibt das Gerochene.*

Förderung: visuell / auditiv / taktil-kinästhetisch / gustatorisch / olfaktorisch /
Sprache / Raumwahrnehmung / Kreativität / sozial

5.8 Lied: „Schmetterling, du schönes Tier"

Als Spiellied mit Nylontüchern   **2–7 Jahre**

1. Schmet - ter - ling, du flat - terst hier. Was bist du für ein schö - nes Tier.

Leicht und luf - tig fliegst du fort, an ei - nen an - dern schö - nen Ort.

Die Kinder verwandeln sich mit Nylontüchern in bunte Blumen und
verteilen sich im Raum (Blumenwiese). Ein Kind fliegt als Schmetterling verkleidet (Tücher als Flügel an den Armen befestigt) durch
den Raum. Die Kinder singen das Lied und führen folgende Bewegungen dazu aus:

1. Schmetterling, du flatterst hier.
Was bist du für ein schönes Tier.
Leicht und luftig fliegst du fort
an einen andern schönen Ort.

Der „Schmetterling" läuft leichtfüßig durch den Raum um die „Blumen" herum und bewegt seine Flügel dazu.

2. Wunderschöne Blütenpracht.
Darauf fliegst du mit Bedacht.
Saugst den Nektar in dich rein,
fliegst weiter dann im Sonnenschein.

Die „Blumen" bilden mit ihren Händen einen Blütenkelch. Der „Schmetterling" läuft zu einer „Blume" und steckt eine Hand in den „Blütenkelch". Dann „fliegt"er zu einer anderen „Blume".

Rollenwechsel.

Förderung: visuell / auditiv / taktil-kinästhetisch / Sprache / Raumwahrnehmung /
Kreativität / sozial

6 Beispiele für thematische Rhythmikstunden

Allgemeine Vorbemerkungen

Kinder lernen am besten, wenn die Lerninhalte kindgerecht „verpackt" und sie dadurch emotional angesprochen werden. Rhythmikstunden, die unter einem bestimmten Thema, wie z. B.: „Die Pirateninsel", stehen, faszinieren die Kinder. Die Spielleiterin muß jedoch bereit sein, sich in den Prozeß / Interaktion mit den Kindern zu begeben und nicht nur von außen zuzuschauen und es bei Anweisungen zu belassen.

Von entscheidender Bedeutung ist dabei auch eine phantasievolle, bildhafte Ansprache der Kinder. Das emotionale Eintauchen in die rhythmischen Spiele wird dadurch gefördert, da sie nicht aus dem phantasievollen Erleben der Stundeninhalte gerissen werden. Beispiel:

„Schaut, was ich hier gefunden habe. Da krabbelt ein kleines grünes Käferlein." Dann folgt direkt im Anschluß das Lied: „Kleines grünes Käferlein".

Die Übergänge zwischen den einzelnen Spielen sollten verbal und / oder sensorisch gestaltet werden.

Beispiele:
- Übergang und sensomotorisches Wahrnehmungsspiel: „Piraten-Lili sammelt Piraten ein" (siehe Seite 156)
- Übergang und Ruhephase: Schiffbruch und Rettung (siehe Seite 157)

Der Ablauf einer Rhythmikstunde ist unter anderem von der *Gruppenzusammensetzung* und äußeren Gegebenheiten abhängig. Ganz unterschiedliche Faktoren beeinflussen den Stundenablauf. Zum Beispiel: Alter, Anzahl und Geschlecht der Kinder, Wahrnehmungsstörungen, Thema, Verhaltensauffälligkeiten, Räumlichkeiten, Material, Instrumente, Stimmung.

Die Spielleiterin soll in der Lage sein, in der Rhythmikstunde flexibel und kreativ auf veränderte Unterrichtssituationen zu reagieren.

Die folgenden *Stundenbilder* sind methodisch-didaktisch aufgebaut und können ebenso mit eigenen Ideen umgesetzt werden. Sie sind auf eine Länge von ca. 60 Minuten konzipiert.

Der Aufbau

Eine Rhythmikstunde gliedert sich in drei *Unterrichtsphasen:*
– Einstimmungphase, Begrüßung und Einstimmungsspiel
– Rhythmische Spiele zum Thema
– Stundenausklang

1. Einstimmungsphase, Begrüßung und Einstimmungsspiel

Eine *Einstimmungsphase* von ca. 5 Minuten hilft den Kindern, sich auf das gemeinsame Spielen einzustimmen. Dabei beschäftigen sich die Kinder – alleine und mit Spielpartnern – mit unterschiedlichen Materialien, die sie z.B. auftürmen und balancieren. Beispielsweise Kreisel in allen Formen (z.B. Ziehkreisel, Magnetkreisel) eignen sich gut.

Bewährt hat sich die Einstimmungsphase als zeitlicher Puffer in offenen Gruppen. Kommen die Kinder zeitlich versetzt in die Rhythmikstunde, können sie durch das Spielangebot sofort in die Gruppe integriert werden.

Tip: Es ist günstig, mit sensorischen Einstimmungsspielen zu beginnen.

Die Begrüßung mit einer Handpuppe, Marionette oder einem Stofftier ist für die Kinder von 2 bis 10 Jahren von pädagogisch wertvoller Bedeutung. Die Kinder identifizieren sich mit der Puppe, da sie sich mit ihr auf dem gleichen Entwicklungsniveau wähnen. Aus diesem Grund kann die Puppe den Kindern Inhalte besser näherbringen als wir von unserer Position als Erwachsene. Schwierige Gruppenprozesse lassen sich durch eine Puppe entschärfen, denn alle Kinder trauen sich, mit ihr zu reden.

Die Puppe kann immer dieselbe sein oder entsprechend dem Thema der Rhythmikstunde wechseln (z.B. ein Schwein für das Thema: „Im Schweinehaus").

Der altersentsprechende Einsatz von Puppen:

0–5 Jahre: Handpuppen, Stofftiere

5–8 Jahre: Handpuppen, Marionetten, Stofftiere

8–12 Jahre: Marionetten, größere Handpuppen

Das *Einstimmungsspiel* ist beispielsweise ein Lied, Reim oder Bewegungsspiel, das thematisch unabhängig vom Hauptteil der Rhythmikstunde sein kann. Es wird nach der Begrüßung als grobmotorisches Spielangebot eingesetzt, um die Spannung auf das Kommende zu „entladen".

2. Rhythmische Spiele zum Thema

Die *rhythmischen Spiele zum Thema* werden direkt im Anschluß an das Einstimmungsspiel angeboten. Über mehrere Stunden kann dieses thematische Aufgabenangebot als *Spielkomplex* durchgeführt werden. Dadurch tauchen die Kinder tiefer in die Inhalte ein. Durch Wiederholung und Variationen des schon Bekannten fühlen sich die Kinder sicher, und Sprache, Bewegung und Musik erschließen sich ihnen auf umfassendere Weise.

Die Themen einer Rhythmikstunde können Geschichten, Lieder, Jahreszeiten, Tiere etc. sein.

Um den Kindern ein spielerisches Umgehen mit den Angeboten zu ermöglichen, ist ein methodisch-didaktischer Stundenaufbau besonders wichtig. Das heißt, grobmotorische Spielangebote wechseln sich mit feinmotorischen Spielangeboten ab. Dadurch kann die Stunde „atmen" und wird zu einer Spiel- und Spaßstunde statt zu einer dem einzigen Zweck des Lernens unterworfenen Übung, in der z.B. nur gesungen, nur auf Instrumenten gespielt oder sich nur im Raum bewegt wird. Dieses vielfältige Aufgabenangebot ist charakteristisch für eine Rhythmikstunde. Denn so erhalten alle Kinder Spielangebote, mit denen sie sich identifizieren können und die sie besonders fördern. Eine Rhythmikstunde bewegt sich unter anderem zwischen den

Polaritäten laut und leise, bewegt und ruhig, frei und festgelegt, kreativ und vorgegeben.

Die Aufgabenangebote einer Rhythmikstunde können demnach sein:
- Lieder in Grob- und Feinmotorik
- Verse und Reime in Grob- und Feinmotorik
- Sensomotorische Wahrnehmungsspiele
- Bewegungsspiele
- Instrumentalspiel auf einfachen Instrumenten
- Experimentierphase mit Materialien und Instrumenten
- Übergänge
- Ruhephasen
- Darstellendes Spiel als Rollenspiele in Liedern und Reimen
- Kreatives Gestalten mit Materialien
- Fortbewegungsarten.

3. Stundenausklang
Der Stundenausklang wird mit der Handpuppe, Marionette oder dem Kuscheltier ausgeführt, das die Kinder begrüßt hat. Hat die Puppe inhaltlich mit dem thematischen Aufgabenangebot zu tun, wird sie in jeder Stunde bei der Begrüßung und der Verabschiedung eingesetzt, bis das Thema beendet wird. „Neutrale" Puppen können durchaus über mehrere Jahre eingesetzt werden.

6.1 Rhythmikstunde für 3–4jährige Kinder

Stundenbild: „Tiere im Sommer"

- ▨ Einstimmungsphase
- ▨ Begrüßung mit Handpuppe
- ▨ Einstimmungsspiel mit Reim: „Im grünen Wald", S. 48
- – Bewegung im Raum
- ▨ Lied: „Kleines grünes Käferlein", S. 141
- – als Fingerspiel
- – als Partnerspiel
- ▨ Lied: „Wir wandern", S. 47
- – im Raum
- – mit Klanghölzchen

- ▨ Übergang: Einsammeln der Klanghölzchen
  Die Kinder sitzen mit geschlossenen Augen im Kreis und halten die Klanghölzchen in der Hand. Die Erzieherin klopft mit einem Klanghölzchen auf den Rücken eines Kindes. Dieses öffnet daraufhin die Augen und legt die Klanghölzchen in die Kreismitte. Dies wird wiederholt, bis jedes Kind an der Reihe war.
- ▨ Sensomotorisches Wahrnehmungsspiel: „Blumen blühen", S. 80
- ▨ Sensomotorisches Wahrnehmungsspiel: „Die Bienen fliegen", S. 80
- ▨ „Spaziergang am Bach", S. 106
- – im Raum
- ▨ Lied: „Kleines grünes Käferlein", S. 141
- – als Fingerspiel
- – als Partnerspiel

- ▨ Verabschiedung mit Handpuppe

Aufgaben-
erweiterungen:

- Sensomotorisches Wahrnehmungsspiel mit Reifen:
  „Der Hase läuft, so schnell er kann", S. 62
- Lied: „Schmetterling, du schönes Tier", S. 146
- – als Spiellied mit Nylontüchern
- Lied: „ Kleiner Igel, komm heraus", S. 143
- – als Spiellied
- Reim: „Hüpfen durch das grüne Gras", S. 54

Tip:

„Sinnvolle" Übergänge sind im Kapitel „Rhythmische Wahrnehmungsspiele mit Materialien" (S. 57 ff.) zu finden. Die Übergänge
können auf andere Materialien übertragen werden.

6.2 Rhythmikstunde für 5–6jährige Kinder

Stundenbild: „Im Schweinehaus"

- Einstimmungsphase
- Begrüßung durch Handpuppe
- Einstimmungslied: „Die Zauberschuhe", S. 51
- – in Grobmotorik
- Reim: „Lustig ist's im Schweinehaus", S. 124
- – als Fingerspiel
- Lied: „Im Schweinehaus", S. 139
- – als Spiellied
- – als Rollenspiele:
  Die Kinder stehen im Kreis. Die Rollen sind an die Kinder verteilt.
  Alle singen das Lied und führen dazu die entsprechenden Bewe-
  gungen (siehe Spiellied) aus.

■ Sensomotorisches Wahrnehmungsspiel: „Die Äpfel fallen"
Die Kinder gehen im Raum umher und singen dazu den Refrain des Liedes „Im Schweinehaus". Ist der Refrain zu Ende, bleiben alle stehen und schließen die Augen. Die Erzieherin steht an einer beliebigen Stelle im Raum und schlägt sanft auf eine Handtrommel (= das Fallen der Äpfel ins Gras). Die „hungrigen Schweine" folgen blind dem Klang des „Apfelbaumes".
Dies wird mehrmals aus unterschiedlichen Raumpositionen wiederholt.

Variante: Ein Kind spielt die Handtrommel.

■ Reim: „Im Schweinsgalopp", S. 121
– in Grobmotorik
– als Klanggeschichte

■ Übergang: Einsammeln der Instrumente und Ruhephase
Die Kinder sitzen im Kreis und haben ihr Instrument vor sich liegen. Die Erzieherin blinzelt jedem Kind zu. Dieses legt daraufhin sein Instrument in die Kreismitte und sucht sich dann einen Platz im Raum. Dort legt es sich mit geschlossenen Augen auf den Boden. Dies wird wiederholt, bis alle Kinder ihre Instrumente in die Kreismitte gelegt haben.
Dann improvisiert die Erzieherin auf der Lotusflöte ein „Schlaflied für die Schweine".

■ Sensomotorisches Wahrnehmungsspiel: „Und wenn der Schlamm so herrlich spritzt!"
Mit einigen Seilen wird an einer Stelle im Raum das „Schlammloch" (Durchmesser ca. 3 m) markiert. Dann improvisiert die Erzieherin auf Xylophon-Klangbausteinen die Fortbewegungsarten Gehen, Laufen und Hüpfen. Die Kinder bewegen sich dazu. Ertönt ein Signal auf der Handtrommel, laufen alle Kinder zum „Schlammloch" und rufen:
„Und wenn der Schlamm so herrlich spritzt,
dann kommen alle angeflitzt.
Wir springen in den Schlamm hinein –
es ist so schön, ein Schwein zu sein!"

Bei „springen" hüpfen alle Kinder in das „Schlammloch" hinein.
Dies wird mehrmals wiederholt.
- ■ Reim: „Lustig ist's im Schweinehaus", S. 124
- – als Fingerspiel

■ Verabschiedung durch Handpuppe

Aufgaben-
erweiterungen:
■ Sensomotorisches Wahrnehmungsspiel: „Glückliches Schweineleben"
Die Kinder stehen im Raum verteilt. Vier Kinder sind Instrumentalisten. Das erste Kind hat ein Paar Klanghölzchen, das zweite und
dritte jeweils eine Handtrommel, das vierte ein Glockenspiel. Ein
fünftes Kind gibt durch Antippen an die Schulter den Instrumentalisten die Spieleinsätze:
1mal antippen: *anfangen zu spielen*
2mal antippen: *aufhören zu spielen*
Die Instrumentalisten reagieren auf das Antippen und spielen immer alleine.
Die anderen Kinder führen dazu folgende Bewegungen aus:

Klanghölzchen im Galopprhythmus: „Schweine im Schweinsgalopp"	*Kinder galoppieren durch den Raum.*
Über die Handtrommel streichen: „Schweine suhlen sich im Schlamm"	*Kinder wälzen sich mit dem Rücken auf dem Boden.*
Glissandi auf dem Glockenspiel: „Schweine aalen sich in der Sonne"	*Kinder legen sich gemüt- lich auf dem Boden.*
Auf der Handtrommel kratzen: „Schweine fressen"	*Kinder knien im Vier- füßlerstand und „fressen" imaginäres Futter.*

■ Ruhephase und taktiles Wahrnehmungsspiel:
„Der freche Eberhard"
Die Kinder liegen als Ferkel mit geschlossenen Augen auf dem Boden. Die Erzieherin stupst jedes Kind leicht mit einem Schlägel an (= der freche Eberhard stupst mit der Schnauze).

6.3 Rhythmikstunde für 6–8jährige Kinder

Stundenbild: „Die Pirateninsel"

■ Einstimmungsphase
■ Begrüßung durch eine Handpuppe oder Marionette
■ Einstimmungslied: „Der nette Herr von Dickundschwer", S. 49
– in Grobmotorik

■ Übergang Sensomotorisches Wahrnehmungsspiel:
„Piraten-Lili sammelt Piraten ein"
Die Erzieherin spielt auf der Handtrommel die Fortbewegungsart Gehen (siehe S. 46). Die Kinder bewegen sich als Piraten dazu. Hört die Trommel auf zu spielen, bleiben alle Kinder stehen. Die Erzieherin als Piraten-Lili tippt einen „Piraten" an, und dieser folgt ihr. Dies wird wiederholt, bis alle Kinder Piraten-Lili folgen.
Variante: Alle bereits angetippten Kinder helfen „Piraten-Lili" beim weiteren Antippen.
■ Lied: „Ich bin Piraten-Lili", S. 135
– als Spiellied mit Spielutensilien
– mit Instrumenten

■ Sensomotorisches Wahrnehmungsspiel: „Ruhige und rauhe See"
Gemeinsam legen die Kinder mit Seilen die Umrisse eines Schiffes auf den Boden. Dann stellen sie sich in das Schiff. Die Erzieherin spielt auf der Rührtrommel und auf Metallophon-Klangbausteinen, und die Kinder bewegen sich entsprechend dazu:

Lange Klänge auf dem Metallophon: „Die Piraten bummeln über das Deck – ruhige See"	*Auf dem Schiff spazieren- gehen, ohne sich gegenseitig zu berühren.*
Laut auf der Rührtrommel spielen:	*Mit wankenden Schritten gehen.*
„Die Piraten torkeln über das Deck – rauhe See"	*Mehrmals wiederholen.*

Variante: Die Kinder spielen die Instrumente, und ein Kind gibt durch Antippen die Spieleinsätze.

■ Übergang und Ruhephase: „Schiffbruch und Rettung"
Die Erzieherin spielt laut auf der Rührtrommel und ruft: „Wir haben einen Schiffbruch – springt ins Wasser!" Daraufhin springen die Kinder vom „Schiff". Die Erzieherin „rettet" die Kinder, indem sie sie mit einem Seil auf eine Insel (Sitzkreis) zieht. Dort bleiben die „Piraten" erschöpft liegen, bis alle „gerettet" sind.

■ Sensomotorisches Wahrnehmungsspiel: „Piratenjagd"
Die „Schiffbrüchigen" haben Hunger und gehen auf Jagd. Die Erzieherin führt die Jagd verbal und begleitet sich dazu auf der Handtrommel mit den Fortbewegungsarten Gehen, Laufen, Schreiten in verschiedenen Ausführungen (z. B. durchs Gebüsch schleichen, durch den Sumpf waten, durch einen Bach waten).

■ Sensomotorisches Wahrnehmungsspiel: „Am Piratenfeuer"
Die Kinder sitzen im Kreis um das „Lagerfeuer" (rote, gelbe und orange Tücher) und halten einen Holzstab (Grillspieß) in der Hand. Um die Spitze des Holzstabes ist ein braunes Tuch gewickelt (= erlegte Beute). Die Erzieherin spielt auf der Handtrommel auf folgende Weise, und die Kinder reagieren dazu:

Lautes Fingertremolo:	großes Feuer	*Grillspieß weg vom Feuer*
Leises Fingertremolo:	kleines Feuer	*Grillspieß zum Feuer*

■ Ratespiel: „Wo ist die Schatzkarte?"
Die Kinder bilden Paare, malen mit Wachsmalkreide auf ein Papier ihre Schatzkarte und falten sie zusammen. Sie schließen die Augen, und ein „Piratenpaar" versteckt seine Schatzkarte im Raum (Pirateninsel). Die anderen „Piraten" suchen sie.

Variante: Die Kinder, die ihre Schatzkarte versteckt haben, lenken die Kinder durch die Zurufe:
„heiß" = sehr nah
„kalt" = weit weg von der Schatzkarte

■ Lied: „Ich bin Piraten-Lili", S. 135
— als Spiellied mit Spielutensilien

■ Verabschiedung durch Handpuppe oder Marionette

Aufgaben-
erweiterungen:
■ Wahrnehmungsspiele mit Papprollen („Piratenrohr", S. 82 ff.)
■ Übergang: „Das bunte Fernrohr"
Die Kinder malen mit Wachsmalkreiden ihre Papprolle an und füllen sie mit einer Wachsmalkreide oder mit kleinen Dingen. Dann wird das Papprohr an beiden Enden mit den Handflächen zugehalten und geschüttelt (durch das Schütteln mit der Wachsmalkreide wird das „Fernrohr" innen ebenfalls bunt).

Variante: Der Refrain wird gesungen und die Papprollen im Rhythmus dazu geschüttelt.

■ Sensomotorisches Wahrnehmungsspiel: „Am Schiffstau entlang"
Mehrere Seile werden zusammengeknotet. Die Kinder bilden einen Kreis und halten dabei das zusammengeknotete Seil in der Hand. Ein Kind geht in den Kreis (= Schiff), faßt mit den Händen das „Schiffstau" und schließt die Augen. Dann tastet es sich am Schiffstau entlang, bis es wieder an seinem alten Platz steht (Erzieherin sagt: „Halt."). Dies wird wiederholt, bis jedes Kind an der Reihe war.

Variante: Die tastenden Kinder raten während des Rundganges die Namen der „Piraten", die das Schiffstau halten.

■ Kreatives Gestalten: „Taue drehen"
Die Kinder bilden Paare. Jedes Kind hat ein Seil. Zwei Enden der beiden Seile werden zusammengeknotet. Dann stellen sich die Kinder an je ein Ende des nun langen Seils und drehen in die jeweils entgegengesetzte Richtung. Fängt das Seil an, sich zusammenzudrehen, werden die Enden rasch zusammengehalten, und es entsteht ein dickes Tau.

■ Sensomotorisches Wahrnehmungsspiel: „Führen und Folgen"
Die Kinder bilden Paare und verteilen sich im Raum. Ein Kind schließt die Augen und läßt sich vom anderen Kind an einem Tau durch den Raum führen. Rollenwechsel.

■ Kreatives Gestalten: „Ein Schiff mit den Tauen legen"
Gemeinsam wird mit den Tauen ein „Piratenschiff" auf den Boden gelegt.

6.4 Rhythmikstunde für 9–12jährige Kinder

Stundenbild: „In Afrika"

■ Einstimmungsphase mit großer Handpuppe
Zu Beginn jeder Stunde begrüßt ein Kind mit der Handpuppe die Kinder. Die „Puppe" erzählt den Kindern, was ihr gerade einfällt, beispielsweise was sie heute schon erlebt hat, wie das Wetter ist usw.

Tip: Zu Beginn jeder Stunde begrüßt ein anderes Kind mit der Handpuppe die Kinder.

■ Sensomotorisches Wahrnehmungsspiel mit Kaxixi/Rassel, S. 94 f.
   – Das Hipp-Hopp-Hepp Spiel

■ Sensomotorisches Wahrnehmungsspiel:
Rhythmusspiel mit afrikanischen Wörtern und Instrumenten, S. 96 f.
– mit Instrumenten im Raum
– mit Bewegungs-Dirigent
– mit „Orchester"

Tip: In dieser Altersstufe sind Einstimmungsspiele nicht mehr notwendig. Statt dessen ist es günstig, mit einem sensorischen Spiel anzufangen, um die Aufmerksamkeit auf das gemeinsame Tun zu lenken.

Aufgaben-   ■ Sensomotorisches Wahrnehmungsspiel: „Das Solisten-Spiel", S. 92
erweiterungen: – mit afrikanischen Instrumenten
                 ■ Sensomotorisches Wahrnehmungsspiel: „Die Rhythmus-Kette", S. 90
                 – mit afrikanischen Instrumenten